CHARTES & DOCUMENTS

CONCERNANT PLUSIEURS FAMILLES

DE BOURGOGNE & DU LANGUEDOC

PAR

Hⁱ BOURGOING DE NEVERS

Membre du Conseil héraldique de France,

Membre correspondant de la Société des Sciences historiques et naturelles de l'Yonne,

Membre adhérent du Congrès d'histoire comparée,

Etc.

NEVERS

MAZERON FRÈRES, IMPRIMEURS-ÉDITEURS

1901

CHARTES & DOCUMENTS

CONCERNANT PLUSIEURS FAMILLES

DE BOURGOGNE & DU LANGUEDOC

PAR

H¹ BOURGOING DE NEVERS

Membre du Conseil héraldique de France,

Membre correspondant de la Société des Sciences historiques et naturelles de l'Yonne,

Membre adhérent du Congrès d'histoire comparée,

Etc.

NEVERS

MAZERON FRÈRES, IMPRIMEURS-ÉDITEURS

1901

MAISON BOURGOING

HISTOIRE DE LA RACE

D'argent, à trois tourteaux de gueules.

MAISON BOURGOING

CARTULAIRE

ANNÉES

1096-1127. — Foi et hommage, titres en mains, de Hugo Bourgoing sire de Champlévrier (paroisse de Chiddes) au comte de La Roche Millay. — (*Notice historique* de l'abbé BAUDIAU, *Archives du château de la Roche*).

Laissant au manoir, Régina sa femme, et ses enfants, Hugo prend part à la seconde croisade; il est prisonnier des Turcs.

1127. — Vieille minute de titres en latin donnée par devant Gaultérius, évêque de Nevers, par laquelle Hugo miles, Régina sa mère, sa femme et Gérard son frère, ont vendu aux Frères religieux d'Apponay divers droits et portions qu'ils avaient en certains héritages. (1)

Le prix de cette vente est consacré à payer la rançon du captif. — Les armoiries de la maison : d'argent, à trois besans ou tourteaux de gueules (pièces de monnaie), en sont la preuve.

1129 — Jérusalem. — Hanricus Burgondio est témoin d'une donation aux Hospitaliers. (Le Père SÉBASTIEN PAULI, *Codice diplomatico del l'ordine di Malta*, tome Ier, Lucques, 1733, in-folio.

1138 — Naplouse. — Gérard Burgondiensis est témoin d'une donation faite au Saint-Sépulcre par Foulques, roi de Jérusalem (S. S. E. DE ROZIÈRES, *Cartulaire de l'église du Saint-Sépulcre de Jérusalem*, Paris, 1849, in-4°). (H. S. — *Recueil des Historiens des Croisades, Historiens occidentaux, Lois*, t. II, p. 493, Paris).

1147 — Jérusalem. — Gérard Burgondio est témoin d'une charte du roi Baudoin pour les Hospitaliers. (P. 26, P. A. — Le Père SÉBASTIEN PAULI).

1163 — Jérusalem. — Burgondio souscrit une vente faite par les moines de Saint-Abraham. (D. p. 99, DELAVILLE LE ROULX, *Archives de l'ordre de Saint-Jean de Jérusalem à Malte*, Paris, 1883, in-8°).

1193 — Acre. — Johannes Burgondio (S. ERN. STREHLKE, *Tabulæ ordinis Theutonici*, Berlin, 1869, in-8°).

---

(1) Les chartes non suivies d'indications des sources proviennent de l'*Inventaire de Marolles*.

1199 — Tripoli. — Frater Rolandus Burgundiensis, chevalier de Saint-Jean de Jérusalem. (D. 7, DELAVILLE LE ROULX, p. 167, *Archives de l'ordre*). — (P. A. n° 82, Le Père SÉBASTIEN PAULI, *Ordine di Malta*).

1232 — Mars. — Lettres données en présence de Charles, évêque de Nevers (*Carolus miseratione divina Nivernensis ecclesie minister humilis*), par lesquelles Guido de Bosco (ou du Boys) « miles », Agnès, Guillaume et Guido, ses enfants; Hugo le Bourgoing, de Rochefort « miles », Guiot, Agnès et Pierre, ses enfants; Guillaume de Charencey « miles », Agnès, Béatrice et Wallis, ses filles, ont donné en pure et perpétuelle aumône, à la maison d'Apponay, aux prieurs et frères religieux, chartreux du dit lieu, y servant la glorieuse Vierge Marie, toute la part qu'ils avaient au bois de Coël, depuis le gué de Clarry jusqu'au ruisseau de Veuillant.

Ces trois familles, tout à l'allégresse du retour des croisés, leurs parents, souscrivirent à cette donation.

1253 — 3 avril — Guiot Bourgoing est l'un des témoins, de l'acte par lequel Jean, sire de Châtillon, en Bazois, reconnaît avoir pris en gage la moitié du château de Glane (mouvant de l'évêché d'Autun), de Hugues, sire de Neublans et d'Estévenot, son fils, mari de Marguerite, sœur du dit Jean. (*Cartulaire de l'évêque d'Autun*, — Charte CXY II).

1274 — Lou jeudi devant feste saint Bartholomier. — A noble homme et sage monseignour Estienne de Montsaintiehan, seigneur de Saumaise, Agnès, fame monseignour Guillaume Lou Borgoin, chevalier, salut, et li apparoillie a sa bonne volunte. Je vos pri, Sire, et requier, tant cum ge puis, que vos recevoiz monseignour Girard de Saaleu, chevalier, en homenaige de ce que gie tien de vos en fiez, car saichez, Sire, gie et li diz Guillaumes mes sires en avons accorde que il lou seigne de vos tout ainsi cum ge lou tenoe, et gie li devant diz Guillaumes vos pri auparavant, Sire, que vos ceste chose vuillois et octroiz audit Girard, et saichoiz bien que, de ce, ge la done especial commandement a ladite Agnes et parceque nos navons propre seaul, nos avons prie et requis a honorables homes monseignour Guion de Vauteol et monseigneur Herbert de Moyes, chanoines d'Ostun, que ils meissent leur seaul a ces presentes.

1288 — Le vendredi avant le dimanche que l'on chante *Lætare*. — Lettres latines par lesquelles Ysabellonne, veuve de Guiot « miles » et Marguerite, sa fille, ont vendu moyennant 30 s.t. aux chartreux d'Apponay, la sixième partie de la forêt du Bois-Mignet, fonds et tréfonds, assis au-dessus de l'étang desdits religieux, proche le ruisseau de Clarry et le champ de Vaulgisor, en toute garantie, quitte et franche de tout fief, arrière-fief, cens, coutume, inféodation, etc.

1326 — Hugo fait hommage à l'abbaye de Saint-Martin-d'Autun, à cause d'Alix d'Arcy, sa femme, de tout ce qu'il possédait en fief de Vaubenton et de Massé-le-Grand. Les archives du château de la Montagne (fonds d'Espeuilles) mentionnent un dénombrement de fief de Laleuf en la paroisse d'Ougny, fourni en 1337 par Hugo Bourgoing de Champlévrier.

1345 — Hugonin, son fils, fait hommage pour divers manoirs mouvant de lui en la paroisse de Maltat (Saône-et-Loire). (*Noms féodaux*, ouvrage de BÉTHANCOURT : Hugonin est qualifié de damoiseau).

Hugonin de Calevrier, pour Champlévrier, seigneur de Malestay (alias Maltat.) (*Archives du château de Chastellux*, registres 446 et 447.)

1353 — Gilet Bourgoing rend hommage au Comte de Nevers, au nom de sa fille, pour la moitié de la maison de Sorie.

1355 — Isabeau de Retoulles avait acquis de Jean de Chappes, toutes les terres et seigneuries, tous les droits et devoirs que Jean de Chappes avait acquis lui-même d'Agnès Jouisseault, séant en la paroisse de Milly (Auxerrois), canton de Chablis.

1355 — Le jour de la fête de saint Révérien. — « Jean de Chappes, écr. cède et transporte au profit » d'Isabeau de Retoulles, femme de Guillaume le Bourgoing, écr., toute la terre et seigneurie, tous » les droits et devoirs qu'il avait auparavant acquis d'Agnès Jouisseault séant en la paroisse de » Milly, lesquels droits sont en plein spécifiés dans le contrat passé à ce sujet devant Huguenin » Mespoille, notaire royal à Saint-Pierre-le-Moustier. »

1400 — Février. — Guiot, alias de Maligny (*Educnsis diocensis*) reçut de Charles VI des lettres qui le confirmaient dans la noblesse de ses pères. Comme habitant de Maligny, Guiot fit partie de la garnison de Ligny-le-Châtel, dont les Anglais s'emparèrent. Les troupes de cette ville furent versées dans l'ost ou armée des ducs de Bourgogne. Guiot se trouvait à Braux-en-Auxois lorsque le percepteur, conseiller du duc de Bourgogne, le fit arrêter et emprisonner en 1403, comme se disant noble et refusant de payer l'impôt. Guiot en appela « de France. » (PEINCEDÉ, *Chambre des Comptes de Dijon*, vol. 24, p. 152, B. 364). Les receveurs des deniers publics avaient ordre de n'exempter de l'impôt aucun noble par inféodation, titre difficile à produire du reste, et qui donnait lieu à de longues et contestables interprétations. Il fallait avoir des lettres de confirmation de noblesse. (Cette procédure enrichissait le trésor royal.)

1422 — 15 février. — Jean, conseiller de Charles VII, commis à la garde du scel du Roi, et scella, en cette qualité, l'acte des abstinences de guerre entre Charles et Jean de Clamecy, enfants de Mme Bonne d'Artois, et le duc de Savoie, frère de ladite dame. Jean avait dans son ressort pour les cas royaux, l'Auvergne, le Bourbonnais, le Berry et le Nivernais.

1469 — 12 juillet. — Extrait d'une enquête entre nobles hommes Jean de Beaujeu, en son nom et au nom de Blaise, Jean l'aîné, Perronnelle et Jeanne de Beaujeu, ses frères et sœurs, défendeurs, d'une part, et Louis du Verne, écr., demandeur, d'autre part, touchant la terre et seigneurie d'Amazy. Les témoins disent que, par un partage antérieur, lesdits Beaujeu avoient eu la terre d'Asnois, et que Amé du Verne, père du demandeur, renonça aux droits qu'il pouvoit avoir sur cette terre du chef de sa femme, et qu'il lui demeura les héritages qu'il avoit à Saint-Père-de-Mons, à Ouldre, à Nusy, à Chêvre, à Roche, à Fley, à Corcelles, ensemble tous les autres héritages demeurés par le décès de Jean de Saint-Verain, sauf la terre de Chesaulx, laquelle reste à partager entre lesdites parties, et se devoit poursuivre icelle contre ceux qui, pour lors, la detenoient entre eux, Agnès et Comtesse de Saint-Verain, la première mère de la mère dudit demandeur, à cause desquelles ledit du Verne prétendoit avoir droit sur Asnois et Amazy. Témoins : noble homme Jean de Saligny, écr., âgé de soixante-dix-huit ans environ; Guillaume Cordonnier, demeurant à Fley, en la paroisse de Saint-Père-du-Mons, qui dit avoir vu noble homme Amé du Verne, mari de Reine de Coulches, fille d'Agnès de Saint-Verain, et que ledit Amé, seigneur de Nusy, paroisse de Saint-Père-du-Mons, à cause de sadite femme, avoit des frères; noble homme Jean de Bauldoin, écr., seigneur de Bauldoin, demeurant audit lieu, âgé de quarante ans; honorable homme et sage Me Guillaume Le Breton, lieutenant du bailli de Nivernois au lieu de Saint-Saulge, âgé de quarante-quatre ans environ, qui certifie du seing manuel de feu Hugues Le Breton, son père, dont ce dernier usoit comme notaire; honorable homme et sage Me Guillaume Bourgoing, licencié ès lois, âgé de soixante-dix ans environ, qui dépose que l'an 1435 ou 1436, il fut institué bailli d'Asnois par feu Pierre du Colombier, dit de Beaujeu, seigneur dudit lieu. Signé Boillaguet et Pin.

Philippe par la grace de Dieu Roy de France.
Savoir farsons a touz presenz & auenir Que
nous pour consideration des bons & agreables ser-
uices que notre ame & feal Jehans Le
Bourgoing filz de feu Guillaume Le Bourgoing
chevalier nous a faiz en noz guerres de
Gascoigne des frontieres de Haynaut & de
Flandres & en plusieurs noz offices depuis que
nous venismes au gouuernement de notre dit
Royaume auons donne & octroye donnons &
octroions par ces presentes Lettres de certaine science de grace especiale & de notre auctorite & plain pouuoir royal audit Jehan
Le Bourgoing ses hoirs & successeurs & ceuls
qui de lui auront cause cent livres tournois
de annuel & perpetuel rente a tenir par li ses
hoirs & successeurs & ceuls qui de li auront
cause en heritage perpetuelmem & pardura-
blemem a fere leur volonte lesqueles cent
liures volons de notre dite grace que li soiem
assises bailliees & deliurees en terre sur les
forfaitures & amendes qui nous sont escheues
ou paye de Niberuois non contrestam autres
graces ou dons que nous li ayons faiz pour lesqueles cem liures de terre le dit Jehan
& ses hoirs seront tenus de fere hommage
lige a nous & a noz successeurs Roy Et pour
ce que ce soit ferme chose & estable a touz jours
nous avons fait mettre notre scel en ces presentes Lettres sauue en autres choses notre
droit & en toutes lautruy. Donne a Paris
lan de grace mil troiz cenz quarante & quatre
ou moys de Decembre.

Et sur le repli :

Par le Roy Foiriz.

Charles &c. Savoir faisons a touz presens et avenir [Nous avons humblement esté exposé de la partie Jehan] bourgoin escuier, Que comme environ la feste george dez [darrenierement] passé prieur du terme de Vauclers [comme il] fust venuz a moncebaron de nuit hastivement en l'ostel feu pere de perissons ouquel hostel estoit et demouroit le dit exposant au quel le dit prieur de terre dist monlt effreement que en son hostel estoient certains pillars qui pilloient par brief. Et qu'il pour doubte d'iceulx ce qu'il ne fust batu et [villené] comme aultres qui [l' avoient] avoit esté par pillars s'en estoit parti une pres et n'avoit pas en espace. Et luy chaucier et appareilla et pour ce [Requist] et pria au dit exposant qu'il voulsist aler en son dit hostel avec luy et aucuns escuiers et compaignons du païs pour deffendre par brief. Le quel exposa [Respondi] au dit prieur de terre que toutevoie non pins qu'il estoient pillars et qu'il [craignoient] ne les sauroit pas [armer]. La quelle response le dit exposé s'appella et s'en ala au moulin foulon assez pres dudit Vauclers ainsi que le dit prieur luy avoit dit. Et au dit moulin trouva pierre de fresnes et Julian bien que le dit prieur de terre s'avoit fait venir et assembler. Et lors le dit exposant pierre de fresnes et [touz] luy [entr'] eulx avoir s'en alerent sans attendre lesdiz avec en l'ostel dudit prieur du terre. Et si tost qu'ilz furent entrez en une chambre et [trouvé] de la ville [où s'en] Et [par] la clarté [apperceurent] deux [ou trois] [couchiez] en [un] lit. Et [incontinent] le dit exposant [cuidant fermement] qu'ilz fussent pillars comme le dit du terre luy avoit dit [ferit] luy [d'iceulx un] après ce luy fist [une plaie]. Et [tantost] se [reveilla] et dist qu'il estoit [une] sergent et que son compaignon couché avec luy estoit [messier] pour se [excuser]. [Autres] lettres [avons] dehors. Et depuis tout ce [cellui] qui se disoit un sergent eust deux coups [ordoit] sur les espaules par un des trois dessus diz qui avoit esté [esveillé] en leur chaleur et qui ne [croioient] pas que fust leur sergent mais le [desist] par [tromperie] et pour [eschapper]. Et aussi dit son compaignon [en] [l'] de la haine dudit après. Et [incontinent] le dit pierre du terre et plusieurs autres qui estoient assemblez et [alumoient] avec luy s'[enfouirent] en dit hostel non sachant le dit fait estre [ja] avenu. Pour le quel fait ou quel n'a [mort] [mehaing] ne [mutilacion] le dit exposé se doubte que on [cuide avenir] [g'] [non pour] [Rigoureusement] [pensons] par noz gens et [officiers] pour ce qu'il est avenu de nuit et en la [personne] de [un] d'iceulx qui se [disoit] un sergent. Le quel il ne [congnoissoit] ne [ignoroit] [qui ne] qu'il le fist. Si nous a humblement supplié que nous [ceste] considéracion du dit fait le quel [vous] [savons] par noz [lois] [quant] et toutes au dit prieur de terre, ou quel [fait] [n'a] mort mehaing ne [mutilacion] comme dit est. Et que le dit exposé ne fist pas le dit fait en la [personne] dudit [escuier] [qu'il disoit] un sergent comme en [suivant] son office ou [esploit] de justice mais seulement qu'il les deffendist [dés] fussent pillars qui fussent venuz rober batre et [villener] le dit pierre du terre son amy et [voisin] comme autres. Le quel il estoit venu secourir de bonne foy, qu'il nous a [dit] et [loyaument] fait en noz [guerres] et qu'il es il a non seulement exposé son corps mais aussi sa chevance. Et a coustumé estre de bonne [et] [vie] et de [honneste] conversacion sans estre repris devant [villain] cas, nous luy vueillons sur ce faire [grace] [que dit]. [Inclinans] a sa supplicacion [favorablement] au dit exposé ou cas dessus dit avons quitté remis et pardonné et par ces presentes quictons remettons et pardonnons de [grace] especial [plaine] puissance et aucté Royal le dit fait avec toute peine offense et amende [criminelle] et [civile] qu'il a ou peut avoir encouru envers nous pour occasion dudit fait. Et le [Restituons] a sa bonne fame et Renommée [seulement] estoire pour ce [Donnons] et a pais bren. Sauf le droit de [pais] afin [oultre]. Si donnons en mandement au bailli de [saint] par le monstreur et aveu noz [autres] [justiciers et officiers] presens et avenir et [chacun] d'eulx si comme a luy [appartient] que le dit exposé [facent] et laissent jouir et user paisiblement de nostre presente [grace]. Et contre la teneur d'icelle ne l'empeschent ne [enquesent] en corps ne en biens, mais [se aucune] ses [biens] pour ce pris [saisiz] ou arrestez [meissent] en [facent] [mettre] a pleine [délivrance]. En [Tesmoing] sur ce [nous] [present seellées] presentes. Et que ce pour [fin] chose et [establi] [perdurable] [Nous avons] fait [mectre] nostre [seel] a ces [trois]. Sauf en autres choses nostre droit et l'autrui en toutes. [Donné] a [Paris] On moys de [May] l'an de grace mil CCC[...]. Et de nostre Regne le [seziesme].

Par le conseil estans a ce. G. [hermeryns]. [Corbie]

PEINCÉDÉ

(Volume 25, page 528. — B. 530, Dijon, *Archives départementales*).

Un rouleau de parchemin contenant enquête faite en 1332, aux fins de prouver que la justice de Rilly, vers Chanceaux, pour les bois, les rivières et étangs appartenant au duc au dit lieu de Rilly, était au duc sans partie d'autre et en levait les amendes et quant aux amendes pour les hommes, les communautés, les champs et les prés étaient en commun et au duc et aux autres seigneurs du dit Rilly. A la fin est jointe la lettre du duc de l'an 1332, qui mande que la dite requête qui a été faite par Guillaume de Vaucoulor, son chevalier, est concluante et ait son effet.

Il appert par icelle, que les coseigneurs du dit Rilly étaient Mme Alix de Borgoin, Hermoin du Four, Humbert Dambille ou Damville, Guillaume Bartholomin et autres et Oudot de Veaubusin, que du temps que le duc Robert acquit de dame Alixcant de Launee ce que le duc a actuellement au dit Rilly, étaient seigneurs du dit lieu. Moreaul, Jean de Chaignoy, Bartholomin de Romprey, M. Bartholomy de Saint-Antot, sire Hugue du Four, Guillemin Dambielle, Monseigneur Guillaume lou Borgoin et lou Flammant. (Il est parlé de pargies et amendes de la justice).

RÉCEPTION DU 2 DÉCEMBRE 1632

(Volume 8, page 9. — B. 10493).

Lettres de l'an 1314, par lesquelles Mme Aalaisli Borgoigne de Rilley, veuve de Guillaume le Borgoinne, chevalier, reconnaît, par devant Guillemin-le-Tort, d'Otun, bailly de la Montagne, qui du consentement du duc elle a prise en fief de Mme la Duchesse, les choses et la franchise qu'elle a données à Huguenin Signart de Rilley-les-Chanceaux, lesquelles choses elle tenait en fief du dit duc avant qu'elle entrât en la foi de la dite duchesse. — Témoin : Regnaut de Saigney, damoiseau.

DÉNOMBREMENT FOURNI PAR GUYOT LE BOURGOING, 1357, 16 MAI

A touz ceulx qui verront ces présentes lettres, Jehan Maumins, clerc garde du scel de M. le conte de Nevers, en la prevosté de Molins lez Engibers, salut en nostre Seigneur. Saichent tnit que pardevant Hugues de Marry, notaire juré dudit scel, usant de nostre auctorité quant à ce establiz Guiotz li Bourgoins, de Saint-Honoré, escuiers, publicment et en droit a cogneu soy tenir en fié de noble, hault et puissant prince M. le duc d'Athènes, conte de Bréne et de Liche et seigneur de Chastel Chignon à cause de sondit chastel, les chouses cy-dessoubs escriptes, c'est assavoir Jehan Brocart de la Maigne, en la paroisse de Corency [1] et Guillaume Fuseaul de la Magnie avec leurs mex et leurs tenemenz, les cens, coustumes et les corvées que luy doivent ledit home, et generalement toutes les choses et heritaiges que il a, tient et possède en ladite paroisse, promettant lidiz Guiotz en bonne foy et sur l'obligacion de tous ses biens que il contre ceste congnoissance de fié ne viendra, ne attentera en aucune manière, mais obéira et desservira audit seigneur dudit fié, toutes foiz que mestiers sera et il en sera requis deuement, si come lidiz jurez le nous a rappourté féablement. En tesmoing de laquelle chouse, nous, à la relacion dudit juré, avons mis ledit scel en ces lettres données en l'an de grâce mil CCC cinquante et sept le mardi après les hoctaves de la feste Saint-Nicolas en esté. (*Archives nationales*, P. 138, n° VII).

---

(1) Commune de Château-Chinon.

LETTRES DE LÉGITIMATION POUR JEAN BOURGOING

(Sainte-Marie, près Pontoise (Juin 1382)

(Archives nationales, Trésor des Chartes, n° 299, II 120)

Karolus, etc. Illegitime genitos quos vite decorat honestas native vicium decolorat, nam decor virtutis abstergit in prole maculam geniture et pudicicia morum impudor originalis aboletur. plus enim valet probitatis splendor in humili quam status originis in sublimi. Notum igitur facimus universis presentibus et futuris quod licet Johannès Bourgoing, clericus, filius Guillelmi Bourgoing qui de dicto Guillelmo soluto, et de soluta ex illicita copula originem traxisse noscatur et qui auctoritate apostolica legitimatur dicitur extitisse, talibus tamen, ut testatur, relacio fide digna, virtutum donis et morum venustate coronat et in ipso supplent merita et virtutes quod ortus odiosus adjecit, quod super deffectum natalium quam patitur gratiam a nostra magestate regia meruit obtinere; nos igitur hiis attentis, ipsum Johannem de nostre plenitudine regie potestatis et de gratia speciali legitimavimus et legitimamus de legitimacionis titulo decoramus et ipsum in judicio et extra pro legitimo reputari, censeri volumus et haberi, concedentes eidem nichilominus per presentes ut ipse Johannes quanquam ut prefertur, de dampnato cohitu traxerit originem ipso deffectu natalium non obstante, bona temporalia, quecemque mobilia et immobilia, acquirere et jam acquisita possidere valeat et tenere et de eisdem inter vivos vel in testamento disponere ad sue libitum voluntatis, ad successiones que parentum et aliorum quorumcunque ex testamento vel ab intestato, nisi sit alius proximior de genere, nec sit alter jus quesitum admittatur, si de parentum processerit voluntate, habeatque ex testamento vel ab intestato legitimos successores et ad quoscunque actus legitimos admictatur, ac si esset de legitimo matrimonio procreatus, deffectu predicto, constitutionibus, usu consuetudine, statuto, edito vel juribus non obstantibus quibus cunque, et hoc solivendo nobis hac vice duntaxat financiam moderatam. Quocirca mandamus dilectis et fidelibus nostris gentibus compotorum nostrorum Parisiis, omnibus judiciariis, commissariis et officiariis nostris quibuscumque vel eorum locatenentibus presentibus pariter et futuris et cuilibet eorumdem quo prefatum Johannem nostra presenti concessione et gratia uti et gaudere pacifice faciant et permittant absque impedimento quocumque, quod si factum vel appositum reperierint ad statum pristinum et debitum reducant reducive faciant indilate. Quod ut firmum et stabile permaneat in futurum, his presentibus nostrum fecimus apponi sigilleum, nostro in aliis et alieno in omnibus jure salvo.

Datum in ecclesia beate Marie regalis prope Pontizaram, mense Junii anno Domini millesimo CCCᵉ Octogesimo secundo et regni nostri secundo.

(CHARLES VI, roi en 1380-1422.)

Les descendants de Guillaume le Bourguignon et d'Aalise de Rilly, furent : percepteur, bailli, procureur, abbés, prieurs, magistrats, médecin, ambassadeurs, préfet et militaires au siècle dernier seulement. Les noms historiques de cette branche, dite de la Nièvre, sont :

1° JEAN, dit le Flamand, écuyer du roi Philippe-le-Valois, puis percepteur à Montereau, fief du comté de Château-Chinon, Decize, canton de Moulins-Engilbert en 1379, mort en 1382. Sa veuve, Isabeau de Rhodon, rendit hommage à cette date au comte. (Col. 303 de l'*Inventaire de Nevers*) ;

2° PIERRE, abbé des Bénédictins de Soulac (413). (*Sainte-Véronique*, par M. MAZURET, Hébrail, imp. Toulouse, 1877). Pierre était fils de Jean, procureur au bailliage de Saint-Pierre-le-Moustier en 1421, et de Jeanne de La Marche. Saint-Pierre-le-Moustier, prieuré conventuel dépendait de l'abbaye de Saint-Martin d'Autun. (Col. 920 de l'*Inventaire de Nevers*);

3° EDMOND, prieur des Dominicains de Paris, partisan des Guises, fils de Guillaume, conseiller au Parlement de Paris, époux Leclerc du Tremblay. (Voir *Dictionnaire de Moreri*);

4° DOMINIQUE, frère du précédent, médecin de Marie Stuart. (*Bibliothèque de l'Ecole de médecine de Paris*). (Voir CHANTELAUZE, Plon, imp. 1876). (Voir SÉBASTIEN DE L'AUBESPINE, *Bibliothèque nationale*, Paris);

5° FRANÇOIS, supérieur de l'Oratoire, sur la tombe duquel, en 1662, Bossuet prononça sa première (en date), oraison funèbre. (Voir l'*Edition complète* de Bossuet. — Brunet, imp., Arras, 1862);

6° Le baron Bourgoing, écuyer de Napoléon III, etc., etc.

Une famille *de Bourgoin* a possédé, dès le dixième siècle, la seigneurie de Bourgoin (aliàs Bergusia, ville du Dauphiné). Le *nom* de cette famille *de Bourgoin*, conforme à son état civil, se retrouve dans l'histoire de cette maison, et dans les titres de sa seigneurie, érigée en baronnie, puis en comté. — (*Notice historique*, par A. PRUDHOMME, archiviste de l'Isère. Savigné, imprimeur à Vienne, 1881). Aucun lien de parenté n'existe entre cette famille et les Bourgoing (*Bourgoingne*, ortographe ancienne du duché de Bourgogne).

Charles par la grace de Dieu Roy de France a noz amez et feaulx les generaulx conseilliers a Paris sur le fait des aides ordenez pour la guerre salut et dilection. Nous voulons et vous mandons que payez et deliuriez a notre ame et feal chevalier Ottenin Bourgoing les gaiges ordenez pour dix lances au quel nombre nous l'auons retenu et retenons par ces presentes pour nous seruir en ces presentes guerres soubz la charge de notre ame et feal chevalier Chambellan et conseillier Nicole Raguel selon la montre et reueue des gens qui sera faicte jusques audit nombre en prenant lesquels gaiges sur les deniers des dix aides par la main du receueur general diceulx il en sera descharge en ses comptes en rapportant ces presentes lettres auecques quittance dudit Ottenin. Et ainsi le voulons estre faict. Donne a Paris le 7 jour de juing lan de grace mil trois cent quatre vingz et quinze et le quinziesme de notre regne. Par le Roy Monsieur le Duc de Bourbonnois le Patriarche d'Alexandrie et plusieurs autres present. Signé Yuon.

Charles &c. Savoir faisons a tous pns [présents] et avenir / Nous avon receu l'umble supplicacion de Huguelin Bourgom demouz a Auxerre chargie de fenne grosse d'enfant / comme nagaires a certain jour passe le dit suppliant auroit bien beu au son bien tart qu'il retourn de sa besoigne ainsi qu'il trespasse pardevant les molins de la ville d'Auxerre (q l'en dit les molins de Paris) icellui suppliant entra dedens les diz moulins, ouql lieu ql comme mal advisez perdent conseillies et l'enorteme tentacion de l'ennemy ainsi desesperez et emprins se print deux bichez de froment et mij anguilles a plusie et divises foiz et les emporta en son hostel et senz muaer ne destourn aucuneme mais les laissa pmi la maison // En laquelle maison a la complainte et poursuite du meusnier ou gardecuef et maistre des diz molins le prevost dudit lieu d'Auxerre tout dez le lendemain retrouva le dit froment et les dites anguilles lesquelx esse monter / Et semblablement trouva le dit suppliant lequel il print et l'emena prisonnier es prisons dudit lieu d'Auxerre esquelles prisons le dit suppliant a este et est et lesquelle de xx jours ou environ ou il a este en grant pouvrete et misere / En nous suppliant humbleme que comme en autre choses il ait este et soit home de bonne renomee bien louable et honneste conversacion senz repreheneion aucun mesfait crime ou malefice nous lui vueillons impartir noz grace et misericorde / Nous ces choses considerees et enclinans a sa supplicacion voulans en ceste partie misericorde preferer a rigueur de justice pour contemplacion aussi et en faveur de sadite fenne qui est grosse come dit est au dit suppliant le fait dessus dit avecques toute peine et amende corporele et criminele semble [..] qu'il pourroit pour ce estre encouru enuers nous ou cause dessus dit avons remis quitte et pardonne Remettons quittons et pardonnons de nre grace especial plaine puissance et auctorite royal et la teneur de ces pntes et le restituons a sa bonne renomee au pais et a ses biens non confisquez Quant est desdites anguilles et froment ou de leur juste value pmierement rendant toute ellibe [..] Si donnons en mand au bailli de Senz d'Auxerre et a tous noz autres justiciers ou leur lieuxtenant presens et avenir ou a leur lieutenant presens et avenir que le dit suppliant de nre pnte grace presente remission facent laissent et seuffient joir et user plainement et paisiblement senz les molester ne souffrir ou permectre estre moleste en corps ne en ses biens ores ne pour le temps avenir en aucune maniere mais se aucuns de ses diz biens estoient pour ce priz saisis levez ou empeschiez son corps prins et detenu prisonnier nous vueilons qu'ilz soient mis a plaine delivrance senz aucun delay Et pour ce que ce soit ferme chose et estable a tousjours / Nous avons fait mettre nre seel a ces pntes lez Sauf en autre chose nre droit / Et en toutes l'autruy / Donne a Paris ou mois d'aoust l'an de grace mil cccxx et dix / Et de nre regne le xxme

Par le Roy a la relacion du Conseil Montjon

Aoust l'an iiijxx v

Charles, etc. Savoir faisons a tous presens et a venir. Nous avons receu l'humble supplicacion de Nicolas de Fontgommigne... Comme environ le dimanche avant l'ascension dernière passée Dampt Estienne maistre du moustier de Meremoustier demourant lors ou priore de Saint-... acompaigné de plusieurs compaignons... feust allé... de nuyt en une place assez près dudit lieu ... de Beseches... ledit chastel de Beseches... ces poles ou autres semblables... Abbé Nicolas... tous les moynes de Meremoustier... Dampt Estienne... qui lors estoient audit lieu... le dit supplt... en ung pressouer qui la estoit assez près de luy... combien que riens n'en estoit... lors le dit Dampt Estienne print plusieurs pierres et les getta oudit pressouer... Abbé Nicolas... le dit supplt et autres de sa compaignie ne se monstrerent aucunement... le dit Dampt Estienne et les autres ses compaignons... mille voulente s'en alèrent encore devers... par my la dicte ville de Beseches... le dit supplt estant du dessus de la porte ou est... Abbé Nicolas... et le dit supplt acompaigné de Henry Songnoles et de Jacques de Bregny, ce dit jour... de nuyt comme dit est rencontrerent le dit Dampt Estienne et ses compaignons et ferirent les uns sur les autres en tele manière que le dit Dampt Estienne moyne demoura en la place blecié et navré... depuis environ le jour du Saint Sacrement après ... il fina ses derreniers jours... comme l'en dit... par occasion duquel fait le dit supplt... doubtant rigueur de justice... En nostre supplt humble... que il ait esté de tout temps... bon homme de bonne renommée, bien conestable et de honeste conversacion et sans reprehension d'aucun autre meffait, crime ou malefice... et aussi le dit moyne ait esté en celle poursuite primer aggresseur et invaseur de parole... et voulente l'eust il esté ou dit fait... nous lui veuillons sur ce estendre notre grace et misericorde. Nous ces choses attendues, considéré... voulans en ceste partie misericorde preferer a rigueur de justice, inclinans a sa supplicacion, audit Nicolas de Fontgommigne le fait dessus dit ensemble toute peine d'offense ou amende corporele, criminele et civile en quoy il pourroit pour ce estre encouru envers nous ou aus dessus dit avons remis, quitté et pardonné, remectons, quittons et pardonnons de notre grace especial, plaine puissance et auctorité royal, par la teneur de ces présentes. Et le restituons a sa bonne renommée, pays et biens quelconques non confisqués. Satisfaction toutesvoys faicte a partie, se aulcune y avoit... Si donnons en mandement au Bailli de Vermendois et a tous nos autres justiciers et officiers presens et a venir ou a leurs lieuxtenans et chacun d'eulx... comme a lui appartiendra, que le dit supplt facent, seuffrent et laissent joir et user paisiblement de notre présente remission et grace, et contre la teneur d'icelle ne le moulestent ne facent ou seuffrent moulester, travailler ne empescher en corps ne en biens ores ne pour le temps avenir en aucune manière. Mais se aucuns de ses dis biens estoient pour ce prins, saisiz, levez ou empeschez, ou son corps emprisonné, si les lui mettent ou facent mettre au delivre sans aucun delay. Et que ce soit ferme chose et estable a tousjours, nous avons fait mettre notre scel a ces présentes. Sauf en autre chose notre droit et en toutes l'autrui. Donné à Paris ou mois de juillet l'an de grace mil cccc iiijxx et de notre reigne le premier...

Par le Roy nestes par vous compté du commandement du Roy, les évesques de l'église et notre, et plusieurs autres du grant conseil estant a Monttroy...

TIRÉ DE LA TABLE DES CHARTES ET PIÈCES

Toutes les chartes de cet article sont en faveur de l'abbaye de Reigny, et sont tirées de l'inventaire des **titres de** cette abbaye. (*Archives nationales*, II, 988 *bis*).

ANNÉES

1311. — Reconnaissance de fief, par Guillaume de Railly, à Gui, seigneur de Chastellux, sur la ville de Railly.

1311. — *Idem*, par Isabelle, veuve de Gui de Railly, de son domaine de Champmorlin.

1311. — *Idem*, par Alixant, fille de Gui de Railly, de ce qu'elle possède à Railly.

1379. — Dénombrement, par Mahaut de Chavannes, à la comtesse de Flandre, d'un manaige à Folins, et de maison et four à Châtel-Censoir.

1386. — Sentence du bailli de Donzy contre Mahaut, femme de Guyot du Saulce, au sujet de la maison de Précy à Châtel-Censoir.

1390. — Dénombrement du fief de Railly, par Guillaume de Railly, à Guillaume de Beauvoir.

1391. — Vente par Mahaut de Chavannes, veuve de Guyot du Saulce, à Jean de Poissons et à Pierre Bourgoing, de maison et héritages, sis à Faulin.

1395. — Cession, par Jean de Poissons, à Pierre Bourgoing, de ses droits sur la terre de Folin.

1398. — Traité entre G. de Beauvoir, seigneur de Chastellux, et Henriette de Coyon, femme de Guillaume des Granges, sur le droit de parcours et de formariage des hommes mainmortables de Quarré, etc.

1399. — Hommage à Philibert de Bauffremont, à cause de sa terre de Charny-en-Auxois, pour sa tour de Châtel-Censoir, par Pierre Bourgoing, de sa terre de Folin.

1406. — *Idem*, par Pierre Bourgoing, d'une partie de rivière en la rivière d'Yonne, près Mailly-le-Château.

1409-1410. — Partage entre Pierre Bourgoing et Philippe Bourgoing, son neveu, des domaines indivis entre eux, de la terre de Folin et d'héritages à Châtel-Censoir, Mailly-le-Château, etc.

1411. — Hommage, par Nicole Pourotte, à Philibert de Bauffremont, seigneur de Charny-en-Auxois et de Châtel-Censoir, de droits, de dîmes à Lichères et Folin, etc.

TIRÉ DE L'INVENTAIRE DE MAROLLES

1227 — Robert de Courtenay fait hommage de la forêt Corent et du bois de Follens, tenus de Guy, comte de Nevers et de Forez, et de Mahaut, sa femme.

1389 — 23 juillet. — Jean Bourgoing, écuyer, seigneur de Faulin, Champlévrier et du Saulx, et Marguerite, sa femme, demoiselle Mahaut de Chevannes, jadis femme de Guiot de Saulce, écuyer, ont vendu à Jean de Carrobles, 20 sols tournois de rente et d'autres droits spécifiés dans le contrat.

En 1380, Jean fit hommage au comte de Nevers d'une maison sise à Faulin (limite du Nivernais et de l'Auxois), mouvante de lui à cause de Châtel-Censoir.

Cette même année, il consentit une vente à Jean de Carrobles. (*Extrait des titres de Bourgogne*).

1540. — DU BAILLIAGE D'AUXOIS

C'est le dénombrement de noble homme Philibert le Bourgoing, escuier, seigneur de Grésigny et de Beauvilliers, en partie, assavoir dudit lieu de Beauvilliers pour la quarte partie en tous droictz seignoriaulx partant par indivis en toute justice haute, moienne et basse avec messieurs les héritiers de feu noble et puissant seigneur messire Thibault de Chalon pour ladite quarte partie, le tient du Roy notre seigneur en franc alleu, laquelle quarte partie peut valloir chacun an tant en justice, droictz seignoriaulx que domaines, terres et aultres choses sept livres dix solz tournois sur laquelle il doit deux cens livres tournois à raméré à honorable homme Estienne Saget, procureur de Mᵐᵉ la duchesse de Nivernais en sa baronnoye de Luzy. *Item*, tient ledit Bourgoing la terre, justice et seigneurie de Poillechien en franc alleu, laquelle peut valoir chacun an en censives, ou environ 3 sols 3 deniers tournois. *Item*, tient plus ledit Bourgoing la quarte de la terre, justice et seigneurie de Monchanyn en toute justice haulte, moienne et basse, en franc alleu partant par indivis à M. de Villarnout pour ladite quarte partye laquelle peult valoir chacun an, tant en censives, droictz seignoriaulx, terres, boys, buissons, messeries, rivières que aultrement environ 9 sols tournois de rente pour ladite quarte partie. *Item*, tient ledit Bourgoing en franc alleu la moytié de la terre, justice et seignorye de la justice commune de Vellyart, appelée la terre « franche », partant par indivis avec M. de Villarnout et M. de Saint-Aulbin de l'autre moitié, laquelle moitié dudit Bourgoing peult valloir chacun an, tant en terres, messeries, boys, buissons, dommayne, terres, eaigues, rivières, droictz seignoriaulx que aultrement environ la somme de 10 livres tournois. *Item*, tient ledit Bourgoing en fief de M. le comte de Charny sa terre, justice et seignorye de Soilly-lez-Montchanyn en toute justice, haulte, moienne et basse, laquelle peult valloir tant en rentes, mainmortes, censives, coustumes d'aveynes et plains honneurs, mainmortables, terres, messeries que aultrement, boys, buissons reviennent envyron à 1111 livres tournois. *Item*, tient ledit Bourgoing en fonz sa terre, justice et seignorye de Villeard en toute justice, haulte, moienne et basse de MM. de Ravières, laquelle peult valloir environ xx livres tournois chacun an. *Item*, tient ledit Bourgoing sa terre, justice et seignorye de Railly en toute justice, haulte, moienne et basse du fief de M. de Chastelluz, laquelle peult valloir chacun an envyron tant en domaines, cens, rentes, gelynes, moulin, rivières, boys, buissons, terres que aultres choses environ xxx livres tournois. Laquelle terre, justice et seignorye dudit Railly avec aultres pièces sont ypothecquées et engaigées à M. de Visigneul, à remérer, pour neuf cens vingt livres tournois. *Item*, tient ledit Bourgoing en fief de M. de Presles, sa maison, terre, justice et seignorye de Grésigny en toute justice, haulte, moienne et basse, boys de haulte futtaye, domaynes, rentes, hommes de mainmorte, pescherie, que aultres choses, laquelle peult valloir chacun an envyron pour ce xxv livres tournois. *Idem*, tient ledit le Bourgoing en fief de M. de Raigny quelques preys et terres avec une motte assis en la justice dudit Raigny, troys gélines et quinze deniers tournois de cens à luy deulz lesquelles choses étant en ladite justice dudit Raigny du fief dudit seigneur avec aultres terraiges que ledit Bourgoing a es-justice du Roy, notre sire, et de MM. les Religieux de Mouthier, Saint-Jehan, lesquelles ne sont du fief dudit Raigny sont ypothéquées et engaigées à remérer à MM. les vénérables et chappitre d'Avallon pour la somme de vii livres tournois et pour ce que ledit Bourgoing a esté résident le temps passé au pays et duché de Nyvernois auquel lieu pour l'arryère-ban il a esté cothisé pour faire ung costillier avec d'aultres quant ledit arryère-ban a esté mandé de par le Roy, notre sire, comme de ce appert par les registres de monstres dudit ban et arryère-ban dudit Nivernoys, protestans ledit le Bourgoing que là où il aura trop déclaré en trop peu que ne lui tourne à dommaige et préjudice et de satisfaire quant les choses viendront à sa congnaissance à requeste dudit le Bourgoing, présens Guillaume Leconte, sergent royal, et Aulbin Gueneaul, menuisier dudit Dijon, tesmoings ad ce requis. Ainsy signée :

P. Bourgoing, G. Froises. — Fourny par David de Montbard, procureur dudit confessant, le 16 de juillet MDXL, et a ledit de Montbard affermé ledit seigneur avoir déclaré à la vérité ledit dénombrement. (*Archives de Seine-et-Oise, Fonds du comte de Charny*).

MARTYROLOGE DE NOTRE-DAME-DE-BEAUNE

(P. 328, n° 1620).

« Pridie Kal Nov (1273) nota quod anniversarium panis et vini quondam Perreneti Bourgoing » quod antiquitu fiebat XI aprilis, fit nunc die lune ante festum omnium sanctorum (Villa de » Peluguy debet.) »

Le *Martyrologe de Notre-Dame-de-Beaune* mentionne : « La veille des Calendes de novembre » 1273 la messe d'anniversaire de Perrinet Bourgoing (Perrinet diminutif de Perrin Pierre), qui se » disait jadis le 11 avril, se dit maintenant le lundi avant la Toussaint. (Villot de Peluse en est le » débiteur.) »

Beaune avait des Templiers. Perrinet Bourgoing était-il chevalier du Temple dans cette ville ?

OBITUAIRE D'AVALLON

Latin 5187. IV. idus aprilis obiit Stephanus Borgoing et Bellasatis uxor ejus, pro quorum et pro Ebrardi filii sui anniversarii data sua tria hortella avenœ et III denariis apud Martel et apud Cossam XVIII denarii censuales canonicis et clericus eroganda. — Martel est un nom de lieu qui ne se trouve pas dans le *Dictionnaire topographique de l'Yonne*. — Cossa ou Cosa est un faubourg d'Avallon. — Cousin-le-Pont et Cousin-la-Roche (*Obituaire d'Avallon*). — VII idus Junii obiit Petrus Borgoing diaconis qui dedit X solidos censuales super vineam de annago. (Il s'agit du village d'Annay-la-Côte, au nord d'Avallon).

Annay-la-Côte est un village situé sur le penchant d'une colline célèbre dans l'Avallonnais par la qualité des vignobles qui en recouvrent les pentes. Quoique bâti sur un point très élevé, Annay-la-Côte est alimenté par de belles eaux vives venant du plateau supérieur.

Cette terre, qui faisait primitivement partie du domaine de l'évêché d'Auxerre, fût donnée par Ballande, évêque de cette ville, au monastère de Saint-Julien qu'il y avait fondé avec l'approbation du roi Dagobert. Deux siècles plus tard « la colonie audumiacœ » était devenue un grand village dont une partie appartenait aux moines de Saint-Germain-d'Auxerre. Le roi était seigneur en partie d'Annay. Dès le commencement de son règne, Charles V comprit que le plus sûr moyen d'enrichir le trésor royal était de faire rentrer les produits des domaines de la couronne; il s'y occupa sérieusement, ce qui lui permit de laisser, à sa mort, 30 millions dans les caisses de l'Etat.

Les habitants d'Annay ayant refusé les impôts et tué le receveur, se virent assiégés par le bailli d'Auxerre. Vingt-cinq habitants furent pris et on en pendit quinze. Le roi fit signifier aux Avallonnais de ne plus protéger les mécréants d'Annay.

Charles V, en 1370, confirma Etienne Bourgoing dans ses titres de noblesse. L'extrait des titres de la Chambre des Comptes de Paris, au lieu et place de la mention des droits de chancellerie, contient ces mots : « pour ses services. »

Etienne eut aussi, de sa femme : Pierre, chanoine d'Avallon, cité dans l'*Obituaire d'Avallon*, et Nicolas, célérier au château de Bazoches, au comte de Nevers, désigné dans la charte ci-dessus, comme étant de Bourgoingne.

BIBLIOTHÈQUE NATIONALE. — CABINET DES TITRES

(Volume relié n° 193).

(Annoblissements enregistrés à la Chambre des Comptes de Paris de 1349-1660).

1368 — 22 septembre. — Petrus Bourgoin de Belna? et proles (22 septembre 1368, f° 69).

1399-1400.— Guydo Bourgoing, alias de Maligny (Yonne), canton de Ligny-le-Châtel. Eduensis diocesis et proles. (Febvrier 1399-1400, f° 104).

DICTIONNAIRE DES ANNOBLISSEMENTS

Extraits des registres de la Chambre des Comptes, depuis 1345 jusqu'en 1660, par François de Godet, sieur de Soudé, maistre des comptes de la Chambre de Paris. (Paris, 1875, in-4°).

1355. — P. Bourgoing a payé 30 livres tournois.

1370. — Etienne Bourgoing pour ses services.

1400. — Jean Bourgoing a payé 71 livres tournois.

1665. — P. Bourgoing de Faulin a payé 1.000 livres tournois.

DESCENDANCE DIRECTE

DE

HUGO DE CHAMPLÉVRIER

Dans l'ère féodale les migrations d'un pays à l'autre étaient fréquentes. La race de Champlévrier, puissamment prolifique, se trouvant bientôt à l'étroit dans le domaine de la famille, vit ses membres se disperser et se fixer, soit par service militaire, soit par mariage ou acquisition, en dehors de son berceau. Les cadets les plus aventureux allèrent chercher fortune, l'épée au poing, et s'établirent loin de la Bourgogne.

§

Hugonin de Calevrier, pour Champlévrier, seigneur de Malestay (Maltat) (*Archives du château de Chatellux*, registre 446 et 447) avait épousé en 1326 Alix d'Arcy, famille originaire de l'Auxois, du château de Pizy, que Guy d'Arcy fit bâtir (canton de Guillon, arrondissement d'Avallon, Yonne). De cette union naquirent :

1° Guiot de Maligny ;
2° Jean de Champlévrier, époux de Marguerite de Chevannes (V. *Alliances*) ;
3° Pierre, auteur de la branche de Faulin ;
4° Huguelin, auteur de la branche d'Auxerre.

Cette génération vécut sous les règnes les plus désastreux de la monarchie. Les anglais envahissaient la France, et ravageaient l'Auxerrois et l'Avallonais, où Edouard III, dit le prince Noir, mena rude guerre aux Bourguignons (1358 à 1364).

BRANCHE DE FAULIN

Pierre, premier du nom, seigneur de Champlévrier et de Faulin, fit, en 1395, diverses acquisitions à Faulin.

Mahaut de Chevannes, veuve de Guyot de Saulce, vendit à Pierre « partie de maisons et d'héritage sis à Faulin. Jean de Paissons lui céda ses droits sur la terre de Faulin. »

(Voir aux annexes la collection des chartes trouvées dans l'*Inventaire des titres de Nevers*, aux archives nationales, par M. de Chastellux, rapportées par M. Quantin, dans le *Bulletin de l'Yonne* et un extrait des registres du trésor des chartes du roi).

En 1399, Pierre rend hommage pour sa terre de Faulin à Philibert de Beauffremont, à cause de sa tour de Châtel-Censoir.

En 1406, il rend hommage au roi pour une partie de la rivière de l'Yonne, près Mailly.

Il avait reçu, pour sa part, des maisons de rapport à Paris, ainsi qu'il résulte de la mention qui en est faite par Jean de Chanteprine, conseiller du roi dans ses comptes, et garde de ses archives.

Pierre eut de sa femme, Guillaumette de Saulce (fief situé dans la paroisse de Landon en Gâtinais) :

1° GUILLAUME ;
2° GUY ou GUIDO ;
3° OTHELIN ;
4° PHILIBERT, qui suit ;
5° JEAN ;
6° PHILIPPE ;
7° PIERRE-PHILIBERT ;
8° CHARLOTTE ;
9° JEANNE.

§

Guillaume, fils aîné de Pierre, premier du nom, fut prieur de Saint-Pierre de Decize.

§

Jean fut, après la mort de son frère Guillaume, prieur de Saint-Pierre de Decize en 1441. (*Archives de Decize*).

§

Othelin, chevalier, épousa Jeanne de la Motte, fille de Guillaume de la Motte, seigneur de Beauvillers et de Jeanne de Railly.

A la fin du XV⁰ siècle, Othelin commandait dix lances pour le service de Charles VI, comme l'atteste la charte ci-dessus de 1395.

Othelin fut grand pannetier du comte de Nevers et gruyer du Nivernais. Dans le partage du 1ᵉʳ septembre 1446, il reçut la maison forte de Faulin.

Il mourut avant le 15 juillet 1467, comme on peut le constater dans le testament de son frère Gui.

Il eut de sa femme une fille, CHARLOTTE, filleule du comte de Nevers et fille d'honneur de la reine Marie d'Anjou, femme de Charles VII.

Jean Soreau, écuyer, seigneur de Saint-Gérant-de-Vaux et de Saint-Loup, en Bourbonnais, grand veneur de France, fils de Jean Soreau, écuyer, seigneur de Coudun, et de Catherine de Maignelais, frère d'Agnès Sorel, prit alliance en 1447 avec Charlotte Bourgoing. A l'occasion de ce mariage la reine Marie d'Anjou fit don à sa fille d'honneur d'une somme de 2.000 livres. (*Histoire des grands Officiers de la Couronne*, t. VIII, p. 701).

De cette union naquit un fils, CHARLES SOREAU, qui épousa la baronne de Solignac ; leur fille unique JEANNE SOREL fut unie à Gabriel de Laguiche. (*Voir la généalogie des Soreau*).

Othelin eut aussi, de Jeanne de la Motte, trois fils :

PIERRE, époux Boutillac ;
GUYOT, époux de Marcy ;
ARÉ, curé de Chassenay.
Ce dernier facilita le mariage de Guiot avec Françoise de Marcy.

D'un commun accord, les deux frères passèrent un acte de donation au prémourant de l'un d'eux. La venue d'enfants du mariage projeté exemptait Guiot de cette obligation. Aré et Guiot moururent à sept semaines d'intervalle l'un de l'autre, Guiot sans enfants.

L'ouverture de leur succession fut le motif d'un mémoire (ci-annexé) du fils de Charlotte Sorel, née Bourgoing.

Charles Soreau, seigneur de Saint-Gérant, prétendit à la moitié de la succession d'Aré et de Guiot, ses oncles, frères de sa mère, à laquelle revenait la première moitié. La seconde moitié garantissait l'assiette du douaire de la veuve de Guiot, Françoise de Marcy, dotée de 30 livres tournois. Ce douaire reposa sur Grésigny, Velars et Beauvilliers.

Guiot tenait Grésigny, Velars et Beauvilliers de sa mère, Jeanne de la Motte, fille du seigneur de ce domaine.

Guiot fut maître d'hôtel du comte de Nevers. En 1488, il rendit foi et hommage pour son fief de Montbenoit et, l'année d'après, il se démit de sa charge de capitaine de la ville et tour de Cercy, en faveur de Claude, son neveu.

Guiot était chevalier banneret (ce qui conste de son sceau). Il commandait à cinq chevaliers bacheliers et à cent écuyers qui avaient sous leurs ordres les archers, arbalétriers, ménétriers, etc.

Pierre, fils d'Othelin et de Jeanne de la Motte, fut seigneur de Boux.

1477 (*Inventaire de Marolles*). — Procuration de Pierre Bourgoing relative à la terre de Boux, qu'il a eue par échange du comte de Nevers.

1473. — Echange de certains hommes serfs avec leurs moyens et tènements, assis à Chigy, baillés par Pierre Bourgoing, écuyer, pour l'héritage de Boux, près Luzy.

Il épousa, le 2 avril 1467, Jeanne Boutillat, nièce de l'ancien valet de chambre du comte de Nevers, devenu ambassadeur de Louis XI.

Il était écuyer tranchant de Jean de Bourgogne, comte de Nevers, en 1468. (Col. 577 de l'*Inv.*)

En 1448, Pierre avait de ce mariage quatre fils :

1° PHILIPPE, prieur mage de Cluny ; (1)

2° PIERRE ;

3° FRANÇOIS, deuxième abbé du nom de Châtel-Censoir ;

4° PHILIBERT, écuyer d'écurie du comte de Nevers.

§

Guy partagea avec ses frères les biens provenant des successions paternelle et maternelle (1er septembre 1446) ; il eut l'hôtel et la maison de Champlévrier.

« Partage faict entre noble homme Guy Bourgoing, Othelin Bourgoing prenant en main pour damoiselle Jeanne de la Motte, sa femme absente, et Philebert Bourgoing, damoiselle Jeanne Le Tort, sa femme, lesdits Guy, Othelin et Philebert Bourgoing, frères, enfans de feu Pierre

---

(1) Epitaphium Philippi Bourgoing cenobite ac prioris majoris cluni per Erasmum Roterdanum (*Bibliothèque nationale*, réserve des imprimés, A 1431).

Orator : Isti cur libet assidere saxo
Cum toto, pietas, choro sororum ?

Pietas : Hic jacet, noster unicus caterve
Vindex, ille Philippus, ille dudum
Cetus Gloria prima cluniaci.

Orator : Luctum at pulla solet decere vestis
Vos albis video, nitere totas.

Pietas : Cujus tam nivei fuere mores !
Cui tam candida sit peracta vita !
Hujus funera non puto decere
Aut pulla aut lachrymis migrandum.

3

Bourgoing, escuier, seigneur de Champleurier, et de feue noble damoiselle Guillemette du Saulce, dame dudit lieu, de tous les biens demeurez de la succession de leur père et mère par lequel audict Guy Bourgoing est escheu l'hôtel et maison de Champleurier avec ses appartenances et acquests faicts à ladite maison, audit Othelin Bourgoing la maison de Folin, au pays de Donziois avec ses appartenances et acquets, et audict Philebert toutes les terres, rentes et revenus que lesdicts frères pouvaient avoir au finage et terrages de Chevannes, au pays d'Auxois près de Beauzne, et la terre du Saulce au pays de Gastinois en la paroisse de Landon..... Fait le 1er septembre 1446. »

Othelin a la maison de Faulin en Donziois ; Philibert, époux Le Tort, a les revenus possédés aux terrages de Chevannes (Yonne) en Auxerrois près de Beauche (Bauchet (S.-et-M.), et la terre de Saulce, paroisse de Landon en Gatinois français (S.-et-M.).

(Le département de Seine-et-Marne fut formé d'une partie de la Champagne, de l'Ile-de-France, de Gatinois français et de la Brie, tandis que l'Orléanais fut formé du Gâtinais, Orléanais, etc.) (B.N., col. des titres, n° 469, — Dossier 10442; f° 19).

Il ne semble pas que Guy se soit marié ; cependant il eut une fille d'une nommée Jolivette, appelée Jheannotte qui épousa, le 27 juin 1441, Henri de Bourbon. (Fils naturel du duc Jean Ier, prisonnier en Angleterre et d'une anglaise, Henry eut l'honneur de combattre avec Lahire, Xaintrailles, etc., sous la bannière de la Pucelle d'Orléans. (Ernest PETIT, *Avallon et l'Avallonnais*) (V. *Alliances*).

A l'occasion de ce mariage, Othelin, frère de Guy, fit un don à la mariée.

Il testa le 15 juillet 1467 et mourut le 1er mars 1472 (H.-S[t]). Il fut enterré dans l'église Saint-Cyr de Nevers, et son épitaphe était ainsi conçue :

« CI-DEVANT CE PILIER GIST NOBLE HOMME GUY BOURGOING, ÉCUYER, SEIGNEUR DE CHAMPLÉVRIER, CONSEILLER ET
» MAITRE D'HOTEL DE MONSEIGNEUR LE COMTE DE NEVERS ET DE RHÉTEL, LEQUEL A FONDÉ UNE MESSE PERPÉTUELLE
» TOUS LES JOURS A L'AUTEL DE LA CROIX, EN L'HONNEUR DE LA GLORIEUSE VIERGE MARYE ET POUR LES TRÉPASSEZ.
» ET TRÉPASSA L'AN MIL IIII CENT SOIXANTE-DOUZE, LE PREMIER JOUR DU MOIS DE MARS. PRIEZ DIEU POUR LA GRACE
» DE SES PÉCHEZ, PARDON A LUI FACE. AMEN. »

« *In manus tuas Domine, Commendo, spiritum meum.* »

Par son testament, Guy instituait pour ses héritiers pour moitié, son frère Philibert, et pour l'autre moitié ses neveux, Guyot et Pierre, fils de son frère Othelin.

Le testateur, après l'énumération de ses biens en Nivernais, ajoutait :

« Par dévotion affectueuse que j'ai à l'église de Saint-Pierre de Decize, en laquelle sont ensépulturés mes père et mère et trois de mes frères, donne, lègue et délaisse à ladite église de Saint-Pierre, perpétuellement, cinquante sols tournois de rente annuelle et perpétuelle que me doit un chacun an, perpétuellement, Thomas Burdin d'Auxerre, sur certaines maisons assises audit Auxerre devant le château dudit lieu.

» *Item* : XXVII s. tour. de rente annuelle et perpétuelle que lui doit chacun an perpétuellement Pierre du Bois dudit Auxerre, son autre maison assise audit Auxerre, devant ledit chasteau ; *Item* : XXVII s. st. d. t. de rente que lui doit chacun an Blaise Méroite, sur une autre maison assise sur ledit château d'Auxerre, avec les fonds et treffons, montant lesdites sommes à la somme de cent cinq sols tournois de rente, de laquelle somme quatre livres tournois seront au profit des religieux de Saint-Pierre de Decize, etc

» Lesquelles maisons le testateur a acquit ja pièça de son propre argent et a voulu et ordonné ledit testateur que, au cas que Philibert, son frère, ou autres de ses héritiers, assigneront aussi bien auxdits religieux cent et cinq sols tournois de rente, que lesdites rentes leur demeureront avec les fonds et treffons.

» *Item* : veut et ordonne ledit testateur prie et requiers à son frère Philibert et à ses nepveux, les enfants de feu son frère Othelin, que la partaige jà pièça fait entre ledit testateur, ledit Philibert et Othelin, ses frères, sortira son effet selon sa forme, excepté que dès maintenant ledit testateur cède, quitte, délaisse et du tout en tout perpétuellement transporte à maître Philippe Bourgoing, son frère, chanoine de Nevers, tous et singuliers ses conquets par lui faits et acquis en la châtellenie de Nevers, tous et singuliers ses conquets comme qu'ils soient nommés et appelés de quelque part qu'ils soient situés ou assis, et avec quelconque personne qu'ils se partagent ou divisent, sauf et réservé ce que ledit testateur, par ce présent testament en a pris et ordonné être employé pour son anniversaire, pour dits ceux conquets maître Philippe, son frère, disposer et ordonner à sa volonté et plaisir, comme de sa propre chose.

» *Item* aussi, que ledit testateur veut et ordonne que les conquets par lui faits en la ville et cité de Nevers soient et demeurent audit Philibert, son frère, et à sieurs en récompensation des réparations qui ont été faites de son propre argent en la maison de Champlévrier et aussi de cinquante sols tournois de Bordelaige, assis à Saint-Jean-de-Cultiz, lesquels ont été acquis dudit Philibert, et lesquelles maisons de Champlévrier et terres de Saint-Jean-de-Cultiz sont advenues en portion dudit feu Othelin et de ses enfants, sauf réservé cent cinq sols de rente que ledit testateur a ordonné dans l'article précédent être employés pour fonder des messes, etc., nonobstant que lesdits conquets soient échus et advenus par ledit partage, à la part et portion dudit feu Othelin, son frère, et sesdits enfants.

» Au surplus de tous ces biens meubles, ce présent testament et dernière volonté, premièrement fait et accompli, de point en point en la forme et manière que ci-dessus est dit, écrit et divisé, ledit testateur fait, eslit, nomme, constitue et établit ses vrais héritiers, Philibert Bourgoing, son frère, pour la moitié, et les enfants de feu Othelin, son frère, pour l'autre moitié. Au regard des meubles et au regard des héritages et conquets, un chacun d'eux pour telle portion et en la manière qu'il est écrit et divisé, es-lettres d'accord et partages jà pièça a fait entre iceux frères lequel il veut valoir et tenir entièrement sous les modifications et spécifications ci-dessus écrites. »

Philibert, époux Le Tort, Guiot et Pierre, ses neveux, sont ses héritiers et ses exécuteurs testamentaires avec Guillaume de Plaisance, docteur en théologie.

Un codicille joint à ce testament tient quitte Guillaume Boissard, prêtre, son chapelain, de tout compte de la gestion des biens de son frère Philippe et des siens. (Cabinet d'Hozier, n° 1534, folio 10, *Dossier Bourgoing, à la Bibliothèque Nationale*).

§

PHILIBERT, GRAND-GRUYER

Philibert Bourgoing fut échanson de l'hôtel de Charles de Bourgogne, comte de Nevers et de Réthel, baron de Donzy. (*Lettres* du 1er mars 1435).

Il épousa, par contrat passé devant Pierre Morreau, notaire à Nevers, le 4 février 1440, Jeanne Le Tort, fille unique de Guy Blondin, écuyer, bailli du Nivernais, et de Julie Desmoslins, nièce et *unique héritière* de Philippe Desmoslins, évêque de Noyon, comte et pair de France.

(Cette dénomination paraît être erronée. — V. pièces à l'appui, le testament en latin de Philippe de Moulin, évêque de Noyon, du 31 juillet 1409, reçu par Drochet de Fontaines, notaire. (*Archives nationales*, X^a, 9807, f° 250 V°). Peut-être sa nièce avait-elle été l'objet d'un testament antérieur, la date du dernier est la date de la mort de l'évêque qui fut enterré à Paris dans l'église des Célestins et ne fait pas mention de Jeanne).

Philibert et Guiot firent le partage de leurs biens le 9 avril 1450. (*Inv. de Nevers*, col. 737).

1450, 9 avril après Pâques. — Partage entre Philibert et Guiot Bourgoing de leurs biens, par M° Philippe Millin, prêtre juré, et Philibert Barbier, notaire à Decize. (Pièce à retrouver).

En 1464, Philibert Bourgoing fait hommage au comte de Nevers, en son nom et au nom de Jeanne Le Tort, sa femme, pour la terre du Plessis et en 1466 pour certains héritages « où sont assises certaines murailles situées en la ville de Moulins-Engilbert. »

Il mourut en 1477 laissant dix enfants :

1° PHILIBERT, prieur de Saint-Pierre de Decize en 1469 ;

2° JEAN, qui suivra ;

3° CLAUDE, pannetier du comte de Nevers en 1477 (date de la mort de Philibert, son père), devint gouverneur et capitaine de Cercy-la-Tour, après démission de ladite charge que son oncle Guyot fit en sa faveur, ainsi qu'il appert des lettres expédiées du 15 décembre 1489. Il eut de sa femme (non inconnu) :

A). CLAUDE, qui suit ;

ANNE qui épousa Jean de la Chaume. En 1497, Philippe de Chastellux donne droit d'usage dans ses bois d'Island à Anne Bourgoing, veuve de Jean de la Chaume et mère de Philippe de la Chaume (*Archives du château de Chastellux-sur-Cure*).

Claude, deuxième du nom, épousa Jeanne de Grandrie, fille de Guillaume de Grandrie et de Jacquette Aubry, dame de Besne.

Jacquette Aubry, veuve de Guillaume de Grandrie fait hommage en 1540, pour la seigneurie de Montceau-le-Comte, châtellenie, à la duchesse de Nevers. (*Inv. de Marolles*, p. 865).

Claude II eut de Jeanne de Grandrie :

b). CLAUDE, troisième du nom, seigneur de la Tour en 1551.

(La Tour Raboteau, fief de la châtellenie de Montceau-le-Comte, ferme aujourd'hui de la commune de Challement. La Tour était un des 188 fiefs qui dépendaient de l'importante châtellenie de Montceau-le-Comte dont la circonscription comprenait la partie nord du canton de Corbigny, la partie est du canton de Brinon, le sud du canton de Tannay et le nord de celui de Lormes. A la châtellenie de Montceau avait été jointe celle de Neuffontaines, canton de Tannay. (Extrait du *Chartrier de Nevers*, Dénomination des fiefs et hommages du comte de Nevers et de la baronnie de Donzy en 1276. *Archives du château de Chastellux-sur-Cure*).

2° JEANNE, qualifiée de petite-fille de Jacquette Aubry, dame de Besne. (*Arch. du château de Vandenesse*, fief de la châtellenie de Moulins-Engilbert).

(Ce fief a été érigé en marquisat en 1603, en faveur de Louis du Bois, marquis de Givry. (Moulins-Engilbert, *Inv. de Nevers*, p. 867).

Jeanne épousa Antoine Sallonnyer, second fils de Guillaume Sallonnyer, seigneur de la Motte-Plessis, et de Jacqueline Courtois d'Avallon. Guillaume avait acheté la terre de Couze, le 10 janvier 1554, qu'il donna à son fils en le mariant. Jeanne, veuve en 1578, rend hommage au comte pour la terre de Couze. (*Inv. de Nevers*, 192).

En 1578, Jean Sallonnyer, marchand à Moulins-Engilbert, rend hommage pour la maison Bourgoing à Moulins-Engilbert et pour la moitié de la terre du Perron relevant de Cercy-la-Tour, ainsi que du Clos-Bourgoing, jardin dans la ville de Moulins-Engilbert. (*Inv. de Nevers*, p. 188 et 814).

En 1466, Philibert Bourgoing de Faulin, époux de Jeanne Le Tort, avait fait hommage en son nom et au nom de sa femme pour la terre du Plessis et pour certains héritages où sont assises certaines murailles situées en la ville de Moulins-Engilbert.

Jeanne eut de son mariage une fille, également appelée Jeanne, qui épousa le 13 juillet 1603, François Nandrot, fils de Philippe Nandrot, notaire et practicien au bourg de la Roche-Millay. (Extrait des *minutes* de J. BAILEZY, notaire à Moulins-Engilbert). (*Communication* de M. le baron d'AUTHUME, du château de la Vaudelle, près Moulins-Engilbert).

4° CHARLES, conseiller, maître des requêtes à la cour de Charles VIII, fut nommé à cet emploi le 17 octobre 1484 ;

5° GUILLEMETTE, mariée le 31 décembre 1477 à Jean Dupré, écuyer. (V. le contrat joint aux pièces à l'appui) ;

6° FRANÇOIS, abbé de Châtel-Censoir. (1)

7° MARIE, mariée : 1° à Philibert Olivier, seigneur de la vallée des Granges et de Saint-Eloi ; 2° à Pierre de la Chaume, écuyer ;

8° CATHERINE, mariée à Jean de Chanteloup, écuyer, en 1470 ;

9° JACQUES, membre du chapitre de Nevers ;

10° RENAUD, valet de chambre de Jean, comte de Nevers, après la démission de Botillac, devenu ambassadeur de Louis XI.

Philibert fut grand gruyer des eaux et forêts d'Auxerrois et de Bourgogne sous Jean de Bourgogne, comte d'Etampes et de Dourdan, et fut nommé à cette charge par lettres du 1er octobre 1437.

Premier écuyer dudit comte d'Etampes par lettres du 25 novembre 1437, « laquelle charge il exerça solennellement lorsque ce comte prit l'ordre de chevalerie à cause de quoi ses armes durent lui appartenir ainsi que quelques autres droits, ce qui fut en même temps que les Gantois ayant assiégé Oudenarde, furent vaincus et levèrent le siège auquel exploit de siège ledit Philibert Bourgoing porta avec honneur l'étendard de Jean de Bourgogne, à cause de quoi et à cause des droits susdits, Jean de Bourgogne lui fit don de cent écus d'or du prix de 48 gros, monnaie de Flandres, par lettres du 4 août 1452. »

Philibert fut nommé, par lettres du 25 juin 1464, gouverneur du Châtel et de la ville de Luzy (Extrait des *Titres de Bourgogne*, col. 737). — (HOZIER, n° 1534, f° 7, donne copie des lettres de Jean relativement au fait ci-dessus).

La bataille de Garve, devant Oudenarde, ainsi que celle de Rupelmonde, où Jean commandait l'arrière-garde furent des batailles véritables où périrent plus de 40.000 hommes. (DE BARANTE, *Histoire du duc de Bourgogne*).

§

PHILIPPE, CHANOINE DE NEVERS

Philippe, fils de Pierre, époux de Saulce, fut chanoine de Nevers.

Son testament est parmi les pièces du cabinet d'Hozier et se trouve ci-joint in-extenso. (Voir aux *Annexes*).

Il légua en faveur de noble homme Philibert Bourgoing, son petit-neveu, et Jeanne Bourgoing, sa nièce, à laquelle il avait fait donation dans le partage qui avait eu lieu entre noble Philibert, son frère et ses autres héritiers, « attendu que par ledit contrat de mariage, — est-il énoncé dans ce testament, — il a donné à noble Jeanne, sa nièce, en préciput et avant tout partage, partie de la seigneurie de Champlévrier et encores, ainsi l'entend, à quoy toutes foys on pourrait faire quelques doultes, à cette cause ou ladite donation ne se rappourterait en communauté divisible entre toutes filles dudit Philibert, son frère, qui serait en grand préjudice des sœurs de ladite Jehanne a donné et légué, donne et lègue par ces présentes, icellui testateur à Perrette, Barbe, Anne et Marie Bourgoing, ses nièces, filles dudit Philibert et sœurs de ladite Jehanne, la propriété et

---

(1) François restaura les épaves de l'ancienne abbaye des bénédictins de Châtel-Censoir en 1513. (*Annuaire de l'Yonne*, vol. XVI, page 213). L'abbé Leclerc, curé actuel de Châtel-Censoir, a mis à jour la chapelle souterraine ensevelie sous les décombres depuis la Révolution.

seigneurye de Montreuillon et de ses appartenances à chacune par égalle portion, pour et en récompense de l'intérest qu'elles pourraient avoir à ladicte donation et contraict de mariage.

» *Item*, a ledit testateur a ratiffié et ratiffye par ces présentes ledit testateur et ledit Philibert Bourgoing, son frère, des biens entre eulx et ladicte damoiselle Charlotte Bourgoing, leur sœur, communs, icelle leur sœur se désista à leur prouffit et de la propriété de son immeuble au prochaty poursuyte et requiste dudict testateur moiennant la somme de trente livres tournoys de rente viagère et leurs maisons de Decize que pour ce seraient tenus lesdits testateur et son frère payer chacun an à ladicte damoiselle Charlotte leur sœur, icelle aurayt été moins que deuement appanée et que pour ce temps advenir, elle en pourrait souffrir et avoir gros dommage, dont pourrait être ledict testateur en culpe et aussi que la requête dudict testateur, ladicte sa sœur n'aurait poursuyt ni reçu aulcun payement dudict Philibert Bourgoing des arérages de ladicte rente, de tout le temps passé jusques à présent mesmement depuis quinze ou seize ans, en ça considérans aussi les bons, agréables services et curialitez que par cy devant lui a faits sa dicte sœur, et de jour en jour lui falct en lui survenant à ses maladies, pour ces causes et aultres, justes et raisonnables comme disait ledict testateur ad ce le mouvans et que tel est son plaisir et vouloir, et en récompense desdits arrérages à icelluy testateur donné et légué, donne et lègue à ladicte Charlotte Bourgoing, sa vie durant seullement, l'usuffruits de sa dicte terre et seigneurie de Montreuillon et de Boux et de leurs appartenances, et la propriété d'icelles retenue audict testateur et après lui la propriété dudict Montreuillon auxdites Perrette, Barbe, Anne et Marie Bourgoing, ses nièces, sœurs de ladicte Jehanne.

» *Item*, plus donne et lègue ledict testateur, pour ces causes, à ladicte Charlotte sa sœur, tous et chacuns ses biens meubles, tant or, argent monnayé et non monnayé, que ustensiles de maison, obligations, cédules, bestials et autres biens meubles quelconque dont ledict testateur mourra vesty et saisy et qui lui appartiendront audit Montreuillon et en la ville de Nevers, seullement ce présent son testament faict et accompli, et les aultres ses meubles demeureront à son frère comme son héritier et a expressément volu et ordonné ledict testateur que sa dicte sœur puisse appréhender lesdits biens et usufruits de sa seulle et privée autorité sans les prendre par les mains de ses héritiers nonobstant droits, us, stilles ou coustumes du pays ad ce contraire.

» Et en ce faisant demeurera ledict Philibert Bourgoing quict envers ladicte Charlotte de tous arrérages de ladicte rente de trante livres extincte, et en sera déchargé totallement ledict Philibert et les siens, etc.

» *Item*, et pour accomplir ce présent son testament à icelluy testateur esleut et eslit ses exécuteurs noble religieuse dame Jehanne Bourgoing, abbesse de l'abbaye de Notre-Dame de Nevers, sa sœur, honorable homme et saigne mestre Jacques Bolacre, licencié en loix et ladite damoiselle Charlotte Bourgoing, sa sœur, etc. »

§

Charlotte, mentionnée dans le testament ci-dessus.

§

Jehanne, abbesse de l'abbaye de Notre-Dame de Nevers, ordre de Saint-Benoit, mentionnée également dans le testament ci-dessus et dans le « *Gallia Christiana* », prit possession de son abbaye le 0 septembre 1501. Elle défendit virilement les droits de son monastère contre l'évêque de Nevers. Elle y établit, en 1510, la fête de la Présentation de la Sainte-Vierge, et en 1517, les fêtes de la Visitation et de la Compassion. Elle mourut le 6 des calendes de septembre en 1533.

La génération précédente assista aux événements qu'il nous a paru utile de rappeler ici brièvement :

Montre d'armes réunie à Châtillon-sur-Seine le 28 mai 1414, de Claude de Beauvoir, sire de Chastellux, chevalier, banneret de cinq chevaliers bacheliers et de cent écuyers. (Vol. 26, p. 169, B. 11785 de la *Chambre des Comptes de Dijon*).

Le sire de Chastellux avait en outre avec lui une compagnie de 14 archers, 31 arbalétriers, 2 trompettes et 13 ménestriers.

Il fit lever le siège de La Motte de Bar-sur-Aube, bloqué par le bailly de Chaumont, fut dépêché en Flandre, où sa compagnie éprouva de grandes pertes.

Il assista à la bataille d'Azincourt, perdue contre les Anglais le 25 octobre 1415.

Philippe et Guy, son neveu, suivirent leurs chefs dans toutes ces expéditions et Philippe eut l'honneur d'être choisi par Philippe le Bon comme écuyer d'écurie. — Jean sans Peur, régent du royaume de France, outré des excès des Armagnacs, cerna Paris avec une armée de 10.437 hommes.

Le sire de Chastellux entra dans Paris avec tous ses gens et reçut le bâton de maréchal.

Le nouveau Maréchal reçut ensuite l'ordre de conduire ses Bourguignons au siège de Louviers. Cette place fut enlevée aux Anglais.

Le roi et la ville de Louviers donnèrent trois mille livres pour racheter les prisonniers des Anglais (septembre 1417). (*Voir le détail de ce siège aux archives de Louviers*).

Des événements douloureux créés par les Armagnacs firent bientôt changer de camp le Maréchal et placèrent les gentilshommes qui combattaient sous ses ordres, du côté des Anglais.

Tanneguy Duchâtel commandait un ramassis de gens de tous pays, Gascons, Espagnols, Ecossais, etc.

Poursuivi par les Anglais commandés par les comtes de Salisbury et de Suffolk, Tanneguy voulut s'enfermer dans Cravant pour, de là, mettre la Bourgogne au pillage.

Le Maréchal de Chastellux occupait cette place avec seulement 400 hommes. Quinze mille de ces bandits entourèrent Cravant et en firent le siège.

Pendant cinq semaines et plus les Bourguignons se défendirent « à grande pauvreté de vivres, de misères et autres biens, tant que contraints furent obligés de manger leurs chevaux en très grande partie, et autres bêtes, et souffrirent plusieurs assauts ».

Ils furent secourus par Salisbury et Suffolk, de Joigny, le Maréchal de Bourgogne, les seigneurs de Conches, de Thy, de Marcilli, Antoine de Vergy, Renier Cot, Jacques de Courtiamble et plusieurs autres amis, bons et loyaux parents, au nombre desquels Guillaume de Vienne.

La montre de la compagnie de Guillaume de Vienne, composée de 6 chevaliers bannerets, 3 chevaliers bacheliers et 109 écuyers, parmi lesquels on compte Pierre Bourgoing, fut reçue à Avallon le 4 juillet 1423 (*Archives de Dijon*). Et le 30 juillet 1423 eut lieu une bataille entre les assiégeants et les assiégés.

La sortie du Maréchal de Chastellux décida du sort de la journée.

La cession de la ville de Cravant fut faite par le Maréchal de Chastellux au chapitre d'Auxerre, à qui la ville avait appartenu.

Cette donation contient le récit du siège, les faits de la bataille et mentionne les compagnies de l'armée de Bourgogne qui y assistèrent. (1)

Les Armagnacs chassés, de Cravant, se réfugièrent dans Montréal. De Perin défendit Châtel-Girard, Davoust, le fort de Rougemont, Guy de Jaucourt reprit Montréal. Le duc de Bourgogne fut obligé de faire un emprunt pour payer les frais de la guerre. Chastellux, Girard de Laguiche, de

---

(1) PERRIQUET, Auxerre, 1869. — *Histoire généalogique de la maison de Chastellux*, p. 391.

Presle capitulèrent devant un des chefs des Armagnacs dit Fort Epice. (Fort Epice était Jacques d'Espailly, bailli de Melun, écuyer d'écurie de Charles VII).

Mailly-le-Châtel fut pris et repris. (Le récit de la prise de cette ville a été fait par M. Petit de Veausse dans son livre *Avallon et l'Avallonnais*, p. 211).

La montre d'armes de la compagnie du Maréchal de Chastellux reçue autour de la ville d'Avallon le 13 juin 1427, pour le siège de Mailly-le-Châtel, était composée d'écuyers au nombre desquels se trouve Philippe Bourgoing. (Vol. 26, p. 375, B 11801, *Archives de Dijon*).

La place ayant capitulé, Guy de Jaucourt fut envoyé auprès de Charles VII, comme ambassadeur, et la paix fut conclue entre la France et la Bourgogne.

Philippe le Bon se rendit en Flandre où l'appelaient de graves intérêts, mais le duc en fut bientôt rappelé et obligé de continuer la guerre contre Fort Epice qui s'était emparé par surprise d'Avallon.

Les Armagnacs voulurent faire sentir aux Bourguignons leur faute d'avoir abandonné les Anglais pour un roi impuissant à les défendre et ravagèrent la Bourgogne. Tout l'Auxois eut beaucoup à souffrir de la guerre pendant la période qui suivit la prise de la Pucelle (24 mai 1430) jusqu'à la paix d'Arras.

A cette date le duc Philippe le Bon reçut à Margny, près de Compiègne, Jeanne d'Arc qu'on amena prisonnière devant lui.

(Le Musée d'Orléans possède un tableau représentant Philippe entouré de ses seigneurs et écuyers, et recevant Jeanne d'Arc. — Tableau de M. Patray, 1864.)

Le duc de Bourgogne fit un emprunt de 4.000 livres, leva de nouvelles troupes en 1431, et termina cette guerre en 1433, en montant le premier à l'assaut de la forteresse de Pierre Perthuis, où s'était réfugié Fort Epice.

« Montre de gens d'armes, étant sous messire Loys de Chalon, prince d'Orange et seigneur d'Arlay, reçue au lieu de Saumur en Auxois, le 3 août 1431, par Hugues du Bois, chevalier, conseiller et chambellan du duc, et son bailli de Charollais, à ce commis par le Maréchal de Bourgogne pour aller en la compagnie dudit maréchal, en l'armée qu'il fait et marches de l'Auxerrois. (Est le sceau partie effacée dudit du Bois portant écartelé d..... et d'hermine.....) »

Suivent les noms des hommes d'armes parmi lesquels Philippe Bourgoing.

Philippe le Bon fut le plus courageux et le plus puissant prince de son temps.

Alliée à un tel prince, la France n'eut jamais subi l'invasion anglaise.

Guy et Philippe Bourgoing furent choisis avec d'autres gentilshommes, par lettres de 1431 de Philippe le Bon, pour renouveler les trèves entre la-Bourgogne, le Charollais, le Bourbonnais et le Forez. (Voir *la Noblesse aux Etats de Bourgogne*, par Henri de Beaune, Dijon, 1864).

La guerre qui eut pour cause la rivalité des maisons de Bourgogne et d'Orléans venait de finir, lorsque celle dite « des Ecorcheurs » apparut dans l'Avallonnais.

Les restes de l'armée de Jeanne d'Arc composée de gens accoutumés à vivre de pillage et de crimes jetèrent, de 1438 à 1444, la terreur en Bourgogne.

Ces pillards, que la pucelle d'Orléans avait un moment disciplinés, avaient à leur tête Robert Floquet, bailli d'Evreux. (V. *Information des Crimes commis par les Ecorcheurs*, Ernest Petit, *Avallon et l'Avallonnais*, p. 241).

A son retour de Flandre et en exécution de lettres patentes du roi de 1438, le duc de Bourgogne convoqua le ban et l'arrière-ban de ses états.

(Rôle des féodaux du bailliage d'Auxois).

Ce rôle est la montre des nobles, non nobles et gens tenant noblement en fief et arrière-fief, et autres qui ont accoutumé fréquenter la guerre, du bailliage d'Auxois fait à Semur, audit Auxois par messire Bertrand Fortier, chevalier, bailli audit Auxois, le 1er octobre 1438.

Dans ce rôle étaient compris le prince d'Orange, le comte de Brienne, Pierre du Verne, Guyot Bourgoing (Vol. 9, p. 115, B. 11787).

Par suite des guerres calamiteuses qui venaient d'affliger le pays, on éprouva les plus grandes difficultés pour lever de nouvelles troupes; on y parvint cependant, et la victoire d'Epoisses remportée par le Maréchal de Bourgogne en 1444, mit fin à cette invasion « d'Ecorcheurs, » auxquels les troupes du Dauphin (plus tard Louis XI), de retour de Languedoc, avaient reçu l'ordre de se joindre.

Cette victoire des Bourguignons fut le levain de la discorde qui, dans la suite, sépara Louis XI et le dernier des ducs de Bourgogne, Charles le Téméraire.

Pierre Philibert, dit l'ancien, écuyer, seigneur de Chizy-le-Gros, paroisse de Trasilly, près Luzy, Grésigny, Beauvilliers, Poillechien, Monchanyu, Velart, Terre-Franche, Sailly-les-Montchanyn, Railly et Reigny, donna Chizy à l'église de Saint-Cyr de Nevers, le 8 octobre 1549, ainsi que les terres de Boutteaux et de Valenton qui lui furent laissées par Philibert, son gendre, et Jeanne, sa fille, à la condition que les revenus de Boutteaux et de Valenton seraient donnés par les chapelains de Saint-Cyr à sa fille Catherine, religieuse.

Le tout pour dire des messes pour le repos de son âme. En outre, il fonda à Chiddes, paroisse où était situé Champlévrier, une messe pour les trépassés, avec dotation de quatre livres de rentes qu'il avait rachetées de Vésigneux à Mme de Bizaucourt. « Pour laquelle messe il sera coppetté (XXX) trente petits coups de cloche et peu après sonné à branle et faire appeler les seigneurs et dames dudit Champlévrier, etc. » (V. Pièces aux *Annexes*).

Philibert (Pierre), dit l'ancien, eut de sa femme Barbe Rollin, fille de Sébastien Rollin et de Louise de Montgueuille. (Sébastien Rollin était fils naturel du cardinal Rollin, évêque d'Autun, et fut légitimé par lettres de légitimation envoyées par le duc) :

1° Jeanne, mariée à Philibert Bourgoing, seigneur de Faulin, qui suivra;

2° Pierrette, qui épousa Antoine Chevalier en 1549, châtelain de Châtel-Censoir, seigneur des Myniers. (Leur petit-fils s'allia à une Deffand. (*Archives d'Auxerre et Inventaire de Nevers*, col. 567). Leur fils Renaud fut lieutenant général d'Auxerre. (*Aveux de la Châtellenie de Druies*).

3° Barbe, qui épousa Melchisédech Boursault. (V. aux *Alliances*).

10 novembre 1553. — Acte par lequel Jean Boursault, procureur spécial de Marc-Antoine et Jeanne Boursault, enfants mineurs de Melchisédech Boursault et de demoiselle Barbe Bourgoing s'est présenté et a offert de faire foi et hommage pour le fief de Railly. (*Arch. de M. le comte de Chastellux*);

4° Anne, qui épousa Gilbert du Crest, seigneur de Pomay et de Vaux, le 15 mars 1545. (*Généalogie de la famille du Crest*);

5° Marie, qui épousa Jean de Lanty, écuyer. Elle reçut en dot une partie du château de Railly et racheta la part de sa sœur Barbe. Sa fille, Catherine de Lanty, épousa Pierre de Chargères, baron de Breuil, seigneur de Facclles.

Pierre de Chargères en fit foi et hommage le 17 juillet 1606 à Chastellux au nom et comme tuteur de Claudine de Chargères, sa fille mineure, héritière de sa mère.

Claudine porta le château de Railly en dot à Antoine d'Escorailles, chevalier, qui en donna dénombrement à Chastellux en 1710. Antoine d'Escorailles, vingt-cinq ans plus tard, le vendit à Nicolas Chauveau.

Railly fut acheté en 1782 par Jean-Louis Morot de Grésigny, chevalier de Saint-Louis, capitaine au régiment d'Artois, seigneur de Lentillières et de Lantillac. (V. aux *Annexes, collection des Chartes*);

6° CATHERINE, religieuse.

§

Jean, seigneur de Faulin, fils aîné de Philibert, époux de Jeanne Le Tort, fut d'abord, en 1468, valet servant du comte de Nevers (col. 578, *Inv. de Marolles*), puis en 1477 écuyer tranchant (col. 579).

Par contrat du 11 septembre 1485, devant Guillaume Courton et Jean Bougars, notaires à Moulins-Engilbert, Jean Bourgoing épousa Madeleine du Pontot, fille de Jean du Pontot, seigneur de Misery et de Jeanne Maubuin (V. aux *Annexes*).

Le 3 novembre 1485, Jean fut nommé capitaine de Decize, à la place de Pierre de Véelu.

Il eut de sa femme :

1° JEAN, seigneur de Faulin. — En 1525, il échangea avec le chapitre de Châtel-Censoir des cens et rentes à Faulin.

En 1530, il soutint avec d'autres personnes un procès contre les échevins de Clamecy. Son nom apparaît encore en 1542 et 1543 dans des transactions relatives à Lichères, où il prend le titre de seigneur de Faulin. Il épousa N..., d'Anlezy. (V. aux *Alliances*);

Jean, seigneur de Champmorot, commune d'Aunay (Nièvre) et d'Arcy, est dit, en 1537, seigneur de Ponceaux, avec Jean de Crux, Léonard du Courtot et D^{lle} Jeanne de Brion (*Actes* de GUENEAU, de Clamecy). Le 15 avril 1542, à Moulins-Engilbert, noble homme Claude le Nourry, seigneur de Salluau, en partie lui vendit moyennant 26 livres tournois la cinquième partie de nombreux héritages sous charge de fief au seigneur de Châtillon-en-Bazois.

2° LOUISE qui épousa N... des Guerres, écuyer, seigneur d'Héry et de Montelon;

3° CHARLES, prieur des Branches (1), chanoine d'Auxerre, est reçu comme chanoine prébendé de Nevers en vertu d'un échange fait avec lui par Charles, son oncle, prêtre et chanoine prébendé, maître des requêtes à la cour de Charles VIII. (Cabinet d'HOZIER, n° 1354, fol. 18. — V. aux *Annexes les princes des Branches*);

4° FRANÇOIS, chanoine official de Nevers. (V. aux *Annexes, collection de Chartes de M. de Chastellux*). — François fut, en 1531, doyen du chapitre de Nevers et en 1534 premier prieur commanditaire de Saint-Etienne de Nevers. Il dissipa les biens de son prieuré et fit passer au tribunal du duc le droit de justice « haulte, moyenne et basse, » dont le monastère avait joui;

5° PIERRE, cité dans la transaction du 21 août 1521, ci-après, épousa Marie d'Autrey (V. aux *Alliances*);

6° PHILIBERT, qui suit.

§

Philibert, seigneur de Faulin, de Champlévrier (fief que sa femme qui était sa tante à la mode de Bretagne lui apporta en dot), fut aussi seigneur de la Grange-Folle, etc.

Par contrat passé le 15 mars 1528 devant Me Vales, notaire à Nevers, Philibert épousa Jeanne Bourgoing. (*Cabinet des titres*, pièce originale n° 469, doss 10442. — Cette pièce est d'une lecture difficile).

Cependant, on y voit que François Bourgoing, chanoine et official de Nevers et Charles Bourgoing, chanoine de Nevers, furent témoins de ce mariage.

---

(1) Charles était à la fois prieur et seigneur des Branches. En cette double qualité, il avait le privilège bizarre de pouvoir chanter la messe, botté, éperonné et le faucon sur le poing. (*Annuaire de l'Yonne*, 1891).

Philibert eut de sa femme :

1° GABRIEL, qui suit;

2° PAULE, qui épousa Antoine de la Musse (hameau près Faulin), seigneur de Plaisance, écuyer d'écurie du comte de Nevers. — Paule, veuve d'Antoine de la Musse, épousa en secondes noces François Girard, chevalier, seigneur de Chevenon, Sermoise, Bois-Pully et Chaumont.

Claude de la Musse, fille d'Antoine et de Paule Bourgoing, épousa le même jour, 27 juillet 1579, Paul Girard, fils de François Girard, seigneur de Chevenon, etc., et de défunte Françoise Bussières. (*Cabinet des titres*, pièces orignales n°ˢ 467 et 10442). — Copie du temps dans le cabinet D'HOZIER, n° 1534, fol. 61. — Arrêts de la cour de Riom (*Arch. nationales*).

François et Paul Girard de Chevenon furent de grands marchands de bois de cette époque.

§

Gabriel, écuyer, seigneur de Faulin, de Champlévrier, de Lichères, de Lucy-sur-Yonne, de Montchanin, de Grésigny et de Pousseaux, épousa, par contrat du 4 août 1558, Louise d'Esguilly, fille de Claude d'Esguilly, seigneur de Chassy-en-Morvan, et de Louise de Varigny. L'inventaire manuscrit de l'abbé de Marolles contient la mention d'un aveu et dénombrement de la seigneurie de Faulin, rendu par lui au comte de Nevers en 1585. Gabriel fit de grandes ventes de bois et répara le château de Faulin. Ce dénombrement était scellé de son sceau dont l'écu portait trois tourteaux de gueules.

Gabriel vendit le château et la seigneurie de Grésigny à M. Morot, procureur d'Avallon. (L'acte d'acquisition se trouve dans les mains de Mᵐᵉ la comtesse d'Erceville, propriétaire (1891) du château de Grésigny. — V. la *généalogie des Morot*, aux annexes. — V. aussi au chartrier : *Dénombrement de 1540, Archives de Seine-et-Oise*, Fonds du comte de Charny).

Gabriel laissa deux enfants :

1° FRANÇOIS, dont l'article suit;

2° LOUISE, qui épousa le 29 mars 1580, par contrat passé sous le scel de la prévôté de Saint-Pierre-le-Moustier devant de Laven, notaire, Guillaume d'Assigny, chevalier, seigneur du Fort-de-Pont-Marquis, etc., dont elle eut une fille, Françoise, mariée à Jean-Baptiste de Melun, seigneur de Dannemois. (COURCELLES, *Histoire des Pairs de France*, A. N. article de Melun).

§

François, écuyer, seigneur de Faulin, de Champlévrier, de Bissy, de Lichères, de Coulanges-sur-Yonne, de Charantonnay et du Souchet en partie, fut guidon d'une compagnie de 50 hommes d'armes des ordonnances du roi Charles IX.

Il épousa, par contrat du 25 octobre 1576, passé devant Guillaume Brossart, au comté de Tonnerre, Avoye de Chenu, fille de Claude de Chenu, chevalier, et de Croisette Le Boucher.

Il eut de ce mariage :

1° GABRIELLE;

2° HUBERT;

3° JEAN, qui suit;

4° JEANNE;

5° EDMÉE;

6° FRANÇOIS;

Extrait des registres de catholicité de l'église de Lichères :

Le 10 septembre 1592. — En la capelle de Monseigneur de Faulin a été baptisé François Bégain. Parrain : noble homme François Bourgoing, écuyer, seigneur de Champlévrier, fils de noble homme Gabriel Bourgoing, écuyer, seigneur de Faulin, paroisse de Lichères. (Signé en belle et longue écriture).

Le 13 septembre 1592. — D'un acte de baptême fait en la capelle de Monseigneur de Faulin, *à cause de la malice du temps*, il appert que demoiselle Avoye de Chenu (Avoye : en latin *Hedevigis,* sainte, honorée le 14 avril), était la femme de noble seigneur Bourgoing.

3 juin 1594. — Baptême de noble Anne Bourgoing, fils de noble homme François Bourgoing, écuyer, seigneur de Champlévrier, et demoiselle Avoye de Chenu. Parrains : nobles hommes MM. Anne de Rochefort, écuyer, seigneur de Moe... et Joachim de Grossouvre, écuyer, seigneur de Besselièvre ; marraine : noble dame Henriette de Salazart (1).

2 août 1595. — Présents à un baptême non indiqué (2). Parrain : noble homme Adrien de Blanchefort, seigneur d'Aimois ; marraine : demoiselle Avoye de Chenu, femme de François, seigneur de Champlévrier.

7 avril 1597. — A été baptisé en l'église Saint-Vrain, à Lichères, demoiselle Edmée Bourgoing, fille de noble François et de Avoye de Chenu, ses père et mère. Parrain : Pierre du Puy, écuyer, seigneur de Samcy ; marraine : Edmée de Régnier.

28 juillet 1597. — Marraine : Gabrielle Bourgoing.

11 octobre 1597. — Marraine : Gabrielle Bourgoing.

30 janvier 1599. — A été baptisé en l'église de Saint-Vrain de Lichères, Hubert Bourgoing, fils de François et d'Avoye de Chenu, ses père et mère. Parrains : Hubert de la Rivière, seigneur dudit lieu, et Adrien de Blanchefort (3), seigneur d'Aisnois ; marraine : Catherine de Hellancourt, femme de Pierre de Blanchefort, seigneur du château de Boys, hameau d'Entrains (Nièvre).

30 mars 1603. — Hubert est parrain.

30 mai 1606. — Gabrielle est marraine.

18 novembre 1607. — Hubert est parrain.

1er novembre 1608. — Parrain : Hubert ; marraine : Edmée de Blanchefort (4), femme de noble Jean d'Argelier, seigneur de Bèze.

24 février 1610. — Parrain : noble François Bourgoing ; marraine : Marguerite de Montceaux (de Grandrie).

26 juin 1613. — Marraine : Avoye de Chenu, dame de Faulin, femme de noble et puissant seigneur François Bourgoing. écuyer, seigneur de Lichères, Faulin, Lucy, etc., etc.

---

(1) Henriette de Salazart épousa, en 1583, Adrien Blanchefort et lui apporta la baronnie et le château d'Aisnois. — **(1573, 3 septembre)**, Gabriel Bourgoing est membre du conseil de tutelle d'Henriette de Salazart, fille de feu Annibal Salazart et de Anne de Charry, nièce de Tristan de Salazart, archevêque de Sens. (*Inventaire des titres de Nevers,* col. 694).

(2) Adrien Bourgoing, avocat, épousa, le 15 juin 1615, Jeanne Raffart (Paroisse Saint-André-des-Arcs, Paris. — RAFFART, secrétaire de la duchesse d'Albret).

(3) La belle conduite de Adrien de Blanchefort, père de Pierre, dans les troubles de 1585 à fait dire comme un proverbe : « A Sires d'Aisnois, fleurs de Nivernois. »

(4) Edmée était sœur de Pierre de Blanchefort. Cette famille était originaire de l'Isère.

24 août 1613. — Parrain : Hubert ; marraine : Madeleine de Chenu.

(Dans les registres de Lichères, il y a une lacune de cinquante années pendant lesquelles la famille Bourgoing disparaît de ce pays, car les registres n'en font plus mention. [Elle habitait Paris]).

§

Jean, marquis de Faulin, seigneur de Champlévrier, de Coulanges-sur-Yonne, de Lichères, de Charantonnay et de la Grange-Folle, se maria par contrat du 22 février 1626, passé devant Nicolas-le-Noir et Nicolas Bruchet, notaires au châtelet de Paris, avec Jeanne de Montmorency, fille de Pierre de Montmorency, seigneur de Lauresse, et de Suzanne de Rieux (Languedoc). (*Histoire des grands officiers de la couronne*, t. III, p. 516).

Jean eut neuf enfants :

1° CHARLES, qui suit ;

2° PIERRE, chevalier de l'ordre de Saint-Jean de Jérusalem le 7 août 1663. (Henri IV avait rétabli l'ordre de Malte dans lequel s'étaient mis les ordres de N.-D. du Mont-Carmel et de Saint-Lazare en 1608. Cet ordre ne devait être composé que de cent gentilshommes qui devaient former en cas de guerre la garde royale. Louis XIV mit cet ordre en très-haut lustre et lui accorda ses anciens privilèges. Les chevaliers de Malte pouvaient alors se marier). Ses preuves, dont une copie existe dans le tome III du catalogue des chevaliers de l'ordre de Saint-Jean de Jérusalem à la bibliothèque de l'arsenal, constatent les huit quartiers de noblesse suivants :

D'Esguilly, — de Chenu, — Boucher, — de Montmorency, — de Lauresse, — d'Avaucour, — de Rieux, — de Conan ;

3° GUILLAUMETTE ;

4° AVOYE, morte religieuse à Sainte-Marie, faubourg Saint-Jacques à Paris ;

5° JACQUES, premier capitaine et major du régiment de cavalerie de Chamilly en 1676 ;

6° HENRI, mort capitaine au régiment de Bourgogne, 1673 ;

7° FRANÇOIS, mort au service ;

8° MARGUERITE, baptisée le 9 avril 1650 à Saint-Sulpice, religieuse de Saint-Germain-d'Auxerre :

9° FÉLICIE, morte à douze ans.

§

Charles épousa Marguerite-Louise Amelot, fille de Jean-Baptiste comte de Bisseuil, maître des requêtes à l'hôtel du roi et de Charlotte Brulard ; leurs enfants furent :

1° LOUIS, né le 25 janvier 1678, mort jeune (tenu par le prince de Condé, paroisse Saint-Paul) ;

2° CHARLES, né le 25 janvier 1678, mort jeune ;

3° MARGUERITE-FRANÇOISE, née le 6 octobre 1680, mariée à Paul de Grivel de Grossouvre, comte d'Orouer. (Charles de Grivel de Grossouvre, comte d'Orouer, maréchal de camp, gouverneur de Fougères, fut tué dans son carrosse, à Paris, au mois de décembre 1658. Il avait épousé en secondes noces Marie-Françoise de Guesnadeuc, veuve de René de Vignerot, marquis de Pont-Courlay, général des galères de France, frère de l'héritier des titres des ducs de Richelieu et de Fronsac. (V. *Intermédiaire*, 30 janvier 1894, p. 97).

De ce mariage deux fils et une fille :

a) HUBERT-LÉONOR de Grivel, né à Grossouvre le 23 novembre 1707, mort le 4 avril 1737 ;

b) ALEXANDRE-AUGUSTE, né le 9 juin 1713, marquis d'Orouer, colonel d'infanterie et brigadier des armées du Roi. Il épousa, le 9 juin 1739, Anne-Françoise Foucault, fille de Armand-Louis-François, marquis de Saint-Germain-Beaupré, et d'Anne-Bonne Doublet de Persan. (Cette jeune femme se fit interdire en 1756. Alexandre-Auguste de Grivel, désespéré de ce mariage et du désastre de ses affaires, quitta la France et ne reparut pas) ;

c) Marguerite-Paule, née le 7 décembre 1702; elle épousa le 31 juillet 1727, Antoine de Pas, marquis de Feuquières, en eut Antoine, né le 30 mai 1728, mort au berceau. Elle mourut le 4 avril 1743.

4° Charlotte-Angélique, née le 8 février 1685, épousa en 1711 Louis du Prat, chevalier, marquis de Formeries, fils de Louis-Antoine du Prat, baron de Vitteaux, et de Anne Lenet, fille de Pierre-Louis Lenet, procureur général au Parlement de Dijon, et de Nicole de Sonis (*alias* Françoise de Grand). (Pierre Lenet, né à Dijon, procureur général en 1641, honoré de plusieurs missions importantes, conseiller d'Etat, résidant en Suisse, fut intendant de Paris. Il mourut à Paris le 3 juillet 1671 et fut inhumé dans l'église Saint-Sulpice à Paris. Confident et ami du grand Condé, il avait été lié avec la marquise de Sévigné, qui disait de lui, qu'il avait de l'esprit comme douze, un peu grossier, mais vif et complaisant. Ses mémoires : *Guerres civiles de 1649*, 2 vol., 1729, sont le récit des événements dont il fut le témoin. Son portrait existe à Dijon dans le cabinet de Fontette).

Louis du Prat mourut sans enfants en 1713. Faulin fut saisi par de nombreux créanciers à la suite de procédures que nous joignons aux annexes.

(Marguerite-Françoise Bourgoing de Faulin, comtesse d'Orouer, et Charlotte-Angélique, marquise du Prat de Formeries, possédaient tout le terrain situé entre la rue de Grenelle et la rue de Varenne, en face l'abbaye de Pontemont. Mme du Prat fit construire un hôtel donnant rue de Varenne et Mme d'Orouer, un autre hôtel donnant rue de Grenelle. Les constructions durèrent de 1721 à 1736. L'hôtel de la rue de Grenelle, acheté vers 1740 par le duc de Montmorency, arrière-grand-père du prince Eugène de Bauffremont-Courtenay, duc d'Astrico, est resté la résidence de cette dernière famille jusqu'à ce jour). (*Communication du Prince*).

Les châteaux de Faulin et de Coulanges-sur-Yonne et les terres furent vendus à M. Perrinet du Peseau, riche fermier général, pour le prix de 276.000 livres que François Bourgoing avait acquis au prix de 3.344 écus, réduits à 2.794, le château et les terres de Coulanges, le 20 janvier 1596.

Le 7 janvier 1613, M. du Peseau confessa tenir en foi et hommage à Pierre du Bois, à cause de Françoise Olivier de Leuviel, sa femme, dame de Vendenesse, Nourry, Givry, etc. Dans cet acte il est dit habitant de Faulin. (*Archives de Moulins-Engilbert*, Queneau). Il remplace le duc de Nevers, le 25 avril 1622, au baptême de Charles, fils d'Eme de Rochefort, gouverneur de Vézelay.

Les États d'Auxerre furent réunis en 1668 aux États du duché de Bourgogne, à Dijon. Coulanges-sur-Yonne se trouvait située en Bourgogne (Yonne), tandis que Faulin (château) était dans le Nivernais. Charles Bourgoing, marquis de Faulin, fut nommé aux États de Dijon en 1682 à cause et pour sa seigneurie de Coulanges-sur-Yonne. Une partie de sa famille s'était déjà établie dans l'Auxerrois. (V. la *Noblesse aux États de Bourgogne*, par MM. de Beaune et d'Arbamont, Dijon, 1864). (V. aussi l'*État général et alphabétique des villes, bourgs et paroisses du duché de Bourgogne, comtés et pays adjacents*, publié par ordre des élus, Dijon, Defay, 1783). (V. aussi, *Dijon, arch. de Peincedé. — Inv. des fiefs de l'Auxerrois*, B. 10877). Cette dernière pièce est d'autant plus précieuse que les titres de l'érection de la terre de Faulin en marquisat ont été brûlés. Charles Bourgoing y est désigné marquis de Faulin; un juge royal et un procureur du roi l'ont signée. L'ordonnance de Louis XIV sur la vérification des titres avait été rigoureusement exécutée en 1687. On aurait encouru les peines les plus sévères, si dans un acte public, on eut usurpé le titre de marquis avec la connivence d'un fonctionnaire public. L'érection d'une terre en comté ou en marquisat dépendait de l'antiquité du nom et des services rendus au Roi, à la Patrie, à la France.

Voici la teneur de cette pièce : « Coulanges-sur-Yonne. — Misery. — La Grange-Folle. — Reprise de fief du 6 août 1687 des seigneuries sus-nommées, par messire Charles Bourgoing, chevalier, marquis de Faulin, en Nivernais, y demeurant, en qualité de fils unique et héritier universel de messire Jean Bourgoing, son père, seigneur dudit Coulanges. Est ci-jointe la procuration narrative de ce que dessus, et un certificat du juge royal et procureur du roi dudit

Coulanges narratif comme dessus. Reprise de fief acquis des créanciers de Paul Grivel, comte d'Orouer, par acte reçu Jarry, notaire à Paris, le 20 mars 1763 pour le prix de 1.000 livres. »

La descendance directe de la souche de Champlévrier, née et grandie dans la féodalité, à la peine et à l'honneur pendant les croisades et les invasions de l'Anglais, disparut dans la fondation de la monarchie absolue ; œuvre de Richelieu sous Louis XIII.

Les fastueuses prodigalités de Louis XIV, le goût de ce roi pour la guerre, les pertes d'hommes et d'argent qui en furent la cause virent s'éteindre, la dernière filiation de la branche de Faulin. — Plusieurs de ses membres, avaient trouvé la mort sur les champs de bataille, qui portèrent si haut la gloire militaire de ce grand règne.

CHATEAU DE FAULIN

HUGUELIN BOURGOING

AUTEUR DE LA BRANCHE D'AUXERRE

Charles V, roi de France (1364 à 1380), obtint une trève avec l'Angleterre après la mort de Jean-le-Bon, et organisa la marine, que ses prédécesseurs avaient laissée dans un état déplorable.

Ce roi la mit en état de remporter sur les Anglais de notables succès, et de protéger le commerce qui prit quelques développements à l'extérieur.

Les corporations batelières arrivèrent à cette date à leur apogée de richesses. (Voir *Les Voies intérieures de France au XII° siècle*, étude historique par Félix Lucas, ingénieur des Ponts et Chaussées, Imprimerie nationale, 1873).

Charles VI, sous la tutelle de ses oncles, les ducs de Berry, d'Orléans et de Bourgogne, continua l'œuvre de Charles V.

Ce roi fit terminer la construction de plusieurs navires, mais pour attaquer les Anglais dans leur île (1380 à 1386).

On jugera, dit Anquetil, de l'immensité des préparatifs, par la description de Villaret, dont voici les termes : « Le port de l'Ecluse était le rendez-vous de la flotte destinée au passage. On y comptait plus de 1.500 vaisseaux aménagés pour recevoir une armée de 100.000 hommes, le Roi, les princes du sang, les seigneurs, toutes les munitions de guerre et de bouche et 50.000 chevaux.

» Les frais de la flotte montèrent seuls à trois millions.

» Le plus grand nombre des bâtiments avaient été achetés dans les ports de Hollande. Le connétable de Clisson avait, à lui seul, rassemblé une flotte de 72 voiles. »

La sculpture et la peinture embellissaient les proues et les mâts des navires, dit Mézeray, qui étaient ornés d'écussons. Les voiles mêmes étaient bigarrées d'ouvrages d'or et de soie.

La confiance était générale ; on marchait à cette expédition comme à une conquête assurée. Le soldat se rendait de toutes les provinces au port de l'Ecluse avec un air de triomphe qui augmentait la licence naturelle aux gens de guerre, surtout à ceux qui sont mal payés, comme ils l'étaient alors. Les soldats pillèrent donc les paysans ; on était à la fin de l'été ; les greniers furent dévalisés et les viviers mis à sec. « Connétable, disait le jeune monarque à Clisson, j'ai été en mon vaissel et me plaisent grandement bien les affaires de la mer, et crois que je serai *bon marinier* » (1386). (1)

Tout était prêt : on n'attendait plus que le duc de Berry, qui devait amener des troupes. Quand le duc parut, l'embarquement était devenu impraticable, par suite du mauvais temps. On congédia les soldats ; les vaisseaux furent désarmés, plusieurs brisés par la tempête, ou pris et brûlés par les Anglais. Ceux-ci envahirent de nouveau la France et la mirent à feu et à sang. Le plus grand nombre des gens de bien, comme le dit Commines, étaient presque tous morts dans les batailles. Ceux qui avaient survécu aux malheurs dont la Bourgogne fut particulièrement le théâtre vendirent leurs terres pour soutenir de ruineuses prérogatives. (2)

---

(1) Les mots marinier, vigneron, laboureur, n'avaient pas, au moyen-âge, le sens restreint qu'ils ont aujourd'hui.

(2) Le receveur d'Avallon prêta, en 1410, au duc Jean-sans-Peur, vingt livres d'or « pour les nopces de Mlle Katerine de Bourgoingne, mariée au fils du roy Loys. (*Comptes d'Avallon*).

§

Huguelin prit part à cette expédition malheureuse qui ruina pour longtemps les corporations batelières.

Le roi Charles VI lui fit grâce d'une condamnation pour délit de pêche en 1390. Cet acte de rémission nous apprend qu'Huguelin avait de bons antécédents, habitait Auxerre, dans son hôtel particulier, avec femme et enfants, et gens de maison. Le nom d'Hugonin, son père, se trouve en marge de l'acte de grâce, comme indication.

Il eut de sa femme N..... :

GUILLAUME, licencié ès-lois, bailli d'Asnois en 1436, fut bailli de La Guerche-sur-l'Aubois, châtellenie au maréchal Claude de Chastellux, en 1440.

Guillaume eut de sa femme N. de Druyes, fille de Hugues de Druyes, licencié ès-lois, garde du scel de la prévôté de Moulins-Engilbert :

1° GUILLAUME, qui suit ;

2° JEAN, franc-archer de Louis XI ; (1)

3° PIERRE, époux de Marie d'Appoigny ;

4° COLAS, dont le fils Jean épousa N. Brocart, fille du gruyer d'Auxerre pour le Roi.

Les filiations qui suivent sont prouvées, par les extraits d'actes des notaires Masles, Bourdin et Armant, notaires à Auxerre, à partir de 1481, et mentionnées aux *Archives départementales de l'Yonne*, registre E, numéro 368 au numéro E 495, et par les Censiers de Saint-Eusèbe d'Auxerre, de 1527, H. 1355, 1523, 1561, 1562, 1580, 1593, 1640.

§

Guillaume eut de sa femme, Regnaulde de Nevers, issue de la tige des comtes héréditaires de Nevers :

1° GUILLAUME, mort sans enfants, après quelques mois de mariage avec Marie de Latrault (*alias* Tréhault), hameau de Breugnon (Clamecy) ;

2° JEAN, qui suit ;

3° PIERRE ;

4° BLAISE, filleul de Blaise de Beaujeu ;

5° MARIE, veuve de Jean de Juissard, épouse en deuxièmes noces de Noël Cordonnier, petit-fils de Guillaume Cordonnier, de Saint-Pierre-les-Monts.

§

Jean, paroissien de Saint-Eusèbe, propriétaire à Villefargeau et à Pourrain, eut de sa femme N... :

1° GUILLAUME, qui suit ;

2° COLAS, qui suivra ;

3° FRANÇOIS, qui eut de sa femme, Marie Gerbaut, fille de A.-Jean, seigneur de Champlay, fief de Cercy-la-Tour ;

Jean qui s'allia en 1653 à Germaine Bezanger, fille de Georges et de Anne Fruquet. Le traité de mariage (H. 398, f° 52, aux *Archives départementales d'Auxerre*), donne les noms de

---

(1) Montre d'armes de 630 francs-archers du 28 novembre 1474 « au camp devant la cité d'Olne (Perpignan) en Rossillon.» (*Manuscrits français,* 21498, p. 228). Parmi eux figurent Jean Bourgoing, Jean de Bourges, Jean de Chinon, etc.

François et de Marie Gerbault, père et mère du futur, et de Germain Bourgoing, frère aussi désigné de Jean le futur.

Le père de la future promet 200 livres et le trousseau de sa fille ; le frère du futur, Germain Bourgoing, promet de faire bailler par Etienne Gerbault, oncle de la future, secrétaire du Roi, voyer de la ville de Paris, seigneur du château Gerbault à Auxerre, 4.000 livres, somme énorme pour le XVIe siècle, équivalant à 58.000 francs de nos jours, en tenant compte aussi du pouvoir relatif de l'argent aux deux époques, et de la différence du prix vénal des choses, du taux des salaires et des conditions d'existence.

4° GERMAIN, garde du scel aux causes du bailliage, présent à la rédaction des coutumes du comté et bailliage d'Auxerre en 1561, où assista Philippe de Chastellux, vicomte d'Avallon, seigneur de Lézy-en-Auxois (*Peincedé*, IX, 260). Germain, consul de la ville d'Auxerre, avait épousé Agnès Guérin, fille de Marc Guérin-le-Groin, chevalier, vicomte de la Motte-au-Groin (Semur), gentilhomme de la Chambre de François Ier en 1523, conducteur général et commis par le Roi, pour le passage et vivres des lansquenets au service de Sa Majesté, touchant les grands chemins qui tendent à la ville de Nevers. (*Inventaire de Nevers*).

§

Guillaume eut de sa femme Jeanne Saulnier, branche de Toury-sur-Abron :

1° GUILLAUME, époux de Edmone Frouby qui, devenue veuve en 1586, épousa Claude de Chinon ;

2° ETIENNE, qui épousa Marie Miraut ;

3° CLAUDE ;

4° CHARLES, qui s'unit en 1564 à Marie Maulyon, veuve Fauleau, belle-sœur de Marthe Fauleau, épouse de Leclerc de La Forêt. (Branche collatérale des Leclerc du Tremblay et de Buffon). Charles eut un fils qui épousa Marthe de France ;

5° PIERRE, qui épousa Perrette Yard dont il eut Simone, mariée à Pierre Colomb, seigneur de Mirebeault (fief mouvant de Cercy-la-Tour).

§

Colas eut de sa femme N... :

JEAN, qui suit.

(La rareté des documents provient ici des guerres religieuses. Les Huguenots saccagèrent Auxerre en 1567).

§

Jean était encore mineur d'années quand son père mourut. Le censier de Saint-Eusèbe, signé Tribolé, les désigne comme propriétaires rue du Temple et au Gratry, près du pont d'Auxerre.

Il eut de sa femme plusieurs enfants au nombre desquels François qui suit.

(Ici apparaissent, en 1575, les actes curiaux d'Auxerre et le dépouillement des registres se fait d'une manière suivie à partir de 1576).

§

François épousa Perrette Le Roy, à Saint-Eusèbe, sa paroisse. (Cette église était réservée aux sépultures de la noblesse d'Auxerre). (Voir MOLARD, *Annuaire de l'Yonne*). L'hôtel privé de la famille Bourgoing, rue du Temple, adossé à l'église, est aujourd'hui l'hôtel de l'*Épée :*

1° CLAUDE, qui suit ;

2° MARIE, née le 28 mars 1585 ;

3° ANNE, femme Bézanger;

4° ANNE, femme Lessoré;

(L'existence de ces deux dernières filles est prouvée par divers actes de naissance, où elles figurent comme témoins).

5° PERRETTE, née le 4 mai 1605;

6° SIMON, né en 1603.

Simon signe le 30 mars 1643 à l'acte de naissance de François-Roger de Gaignières. (*Bibliothèque de l'école des Chartes*, t. 41, 1890, p. 576. — *Annuaire de l'Yonne*, 1894, notice de M. MOLARD).

On a de Simon Bourgoing :

1° Le livre les *Triomphes de Pétrarque*, translaté du toscan, en rimes et langage gallique. (XVI° siècle. — Parchemins miniature, *Bibliothèque nationale*, n° 12.423);

2° Une traduction de Pompée.

Il est qualifié de bachelier ès-lois. (*Bibliothèque nationale, fonds français*, 732).

§

Claude, fils de François et de Perrette Le Roy, fut baptisé le vendredi 27 septembre 1596.

(Le premier acte qui constate la mort de François Bourgoing, époux Le Roy, est un acte de baptême du 27 avril 1607 dans lequel Anne, sa fille, est témoin et est indiquée comme fille de défunt François Bourgoing).

L'ont porté sur les fonts baptismaux, Claude Le Roy et Edme de Cerin et avec eux Marie Navarre, femme de François Marchand. (DE CERIN, *de la Famille du défenseur de Châtel-Girard.* — Voir Ernest PETIT, Avallon).

Claude épousa Anne Billeton dont nous donnons ci-après l'acte de naissance.

« Le lundi 26 mars 1601 a été baptisée Anne, fille de honorable homme Estienne Billeton et » de Jacqueline Boursault (nièce de Jean Boursault et de Barbe Bourgoing, dame de Railly), ses » père et mère, et l'ont portée sur les saints fonts du baptême honorable femme Edmée Paris, » femme de M° Yves Denis et Anne Delye, femme de honorable homme Claude Moreau, procu- » reur. » (Anne Delye était fille de Germain Delye, conseiller doyen au présidial d'Auxerre en 1593, Saint-Pierre en château d'Auxerre) — (Naissances de 1600 à 1650, — 17 janvier 1644).

Baptême de Pierre Delye, parrain : Pierre de Broc, évêque d'Auxerre; marraine : Mlle Guillaumette-Marie Bourgoing, fille de Jean Bourgoing, marquis de Faulin, assistée par sa grand'mère Suzanne de Rieux. (En 1644, les Bourgoing, après quarante ans de séjour à Paris, habitaient à cette date le château de Faulin).

Claude eut de Anne Billeton :

1° PERRETTE, née le 28 mars 1621, — parrain : Lazare Caillaut; marraine : Perrette Le Roy, aïeule, veuve de François Bourgoing;

2° PIERRE, né le 17 juin 1622, — parrain : Pierre Boursault, docteur-médecin; marraine : Etiennette Robert;

3° JACQUETTE, née le 25 septembre 1623, — parrain : Claude Le Roy, procureur au bailliage d'Auxerre; marraine : Jacqueline Boursault, femme d'Etienne Billeton, aïeule maternelle de l'enfant. (Billetou de Bounon, lieutenant assesseur au bailliage d'Auxerre);

4° ANNE, née le 25 juin 1625, — parrain : noble Jacques Seurrat, avocat au Parlement, bailli de Saint-Germain; marraine : Anne Bourgoing, femme de noble Jehan Bézenger, conseiller élu par le Roi;

5° JOACHIM, né le 16 mai 1628. (Joachim fut l'auteur de la branche du Languedoc. — Le 4 juillet 1637, à l'âge de neuf ans, et le 23 juin 1643, à l'âge de quinze ans, il signe comme témoin dans deux actes curiaux d'Auxerre. A partir de cette dernière date, on ne trouve plus à Auxerre d'actes le concernant, ni contenant sa signature. — Voir aux *Annexes* plusieurs actes notariés du Languedoc ou Joachim Bourgoing est désigné comme étant de la ville d'Auxerre en Bourgogne). — Parrain : noble Joachim Goureau, greffier de l'élection d'Auxerre, neveu du maire d'Avallon pendant la Ligue; marraine : Marie Née de la Rochelle, femme de Jean Richer, avocat, puis président au bailliage et présidial d'Auxerre;

6° MARIE, née le 23 décembre 1629, — parrain : Octave, fils de noble Ambroise Massé; marraine : Anne, fille de noble Melchior Duvoigne, conseiller du Roy et lieutenant particulier au bailliage d'Auxerre, assistée de demoiselle Bénigne Euvrard, sa mère, femme dudit sieur Duvaigne. (Octave Massé fut conseiller en 1676);

7° CLAUDE, né le 28 août 1632, — parrain : noble Claude Leclerc, petit-fils de Guillaume Leclerc, conseiller du Roy, au bailliage et siège présidial d'Auxerre. (La femme de Claude Leclerc, Claude Chevalier était la tante du lieutenant général de ce nom et petite-fille de Antoine Chevalier, châtelain de Châtel-Censoir en 1549). — (*Inventaire de Nevers*, p. 781, — *Archives d'Auxerre*, MOLAND, 1890); marraine : Marie Berault, femme de honorable homme Joseph Lessoré, receveur des deniers audit Auxerre;

8° FRANÇOIS, né le 10 décembre 1633, — parrain : honorable homme François Thiénot, médecin; marraine : Jacqueline, fille de Jean Richer, procureur au bailliage et siège présidial d'Auxerre;

9° ETIENNE, né le 29 mars 1635, — parrain : honorable homme M° Estienne Lesbey, greffier au grenier à sel d'Auxerre; marraine : Germaine Leclerc, veuve de défunt M° Gabriel Berault, en son vivant receveur des consignations au bailliage d'Auxerre;

10° JEANNE, née le 3 août 1836, — parrain : Loys, fils de M. Jean Ragon, lieutenant des chirurgiens; marraine : Jeanne Brice;

11° JEANNE, née le 8 août 1637, — parrain : Pierre Billeton de Bounon; marraine : Marie, fille de M° Jean Richer, avocat, assistée de dame Lessoré, sa mère;

12° GERMAINE, née le 1er septembre 1638, — parrain : honorable homme Claude Arnolin, greffier en la maréchaussée d'Auxerre; marraine : dame Germaine Bousselet, femme de noble Gaspard Bérault, advocat au Parlement;

13° JOSEPH, né le 2 janvier 1642, — parrain : M° Pierre Richer, avocat; marraine : Magdeleine Lessoré, femme d'honorable homme Pierre Flavet;

14° GASPARD, né le 16 juillet 1645, — parrain : Jean, fils de Claude Richer, procureur; marraine : la fille de M° Gaspard Bérault, avocat et gouverneur de la ville d'Auxerre, assistée de dame Bousselet, sa mère;

15° ...., 14 janvier 1642.

Mariage de Jacqueline, fille de Claude et de Anne Billeton de Bounon, avec M° Favier, écuyer, seigneur des Bertaux, paroisse de Couzon. (Col. 376 de l'*Inventaire de Nevers*).

L'acte de naissance de Jacqueline ne se trouve pas à Auxerre, mais peut se placer entre la naissance de Anne, en 1625, 20 juin 1625, et celle de Joachim, né le 16 mai 1628.

(Jacqueline est née sans doute chez sa grand'mère, Jacqueline Boursault, à Bounon).

(Les actes qui suivent sont relevés dans les registres curiaux d'une manière incomplète, mais suffisante pour indiquer la situation et le rang de la famille à Auxerre).

28 juin 1674. — Paroisse Saint-Eusèbe. — Décès de Marie Bourgoing, veuve de Edme Graillet, procureur au bailliage d'Auxerre.

1er juillet 1679. — Baptême de Anne, fille de Simon d'Yvolé et de Marie Bourgoing.

2 décembre 1684. — Mariage de Jacques Loiseleur avec Barbe Bourgoing, fille de Geoffroy Bourgoing. (En 1491, on appelait la femme de Loiseleur : Loiselière.— Roberte Loiselière, en effet, était au nombre des femmes de la comtesse de Nevers). (*Inventaire de Nevers,* col. 582).

4 juillet 1702. — Décès de Perrette Bourgoing, veuve de Germain Hay. — La famille Hay comptait parmi ses membres des procureurs au bailliage d'Auxerre et des conseillers. (Voir bailliage d'Auxerre, *Annuaire de l'Yonne 1891,* MOLARD, archiviste départemental).

Edme-Nicolas-Germain Hay, volontaire au 3ᵉ régiment de chasseurs à cheval, en 1792, fut conseiller de Préfecture de l'Yonne en 1801, membre du Conseil général en 1818, et député de l'arrondissement d'Auxerre de 1815 à 1823. Il est décédé dans sa ville natale en octobre 1847.

29 janvier 1705. — Mariage entre Edme de Serin, maître chirurgien à Maligny et Elisabeth Campenon, fille de Philippe Campenon et de Anne Bourgoing.

19 juin 1714. — Mariage entre Jean-Baptiste de Machault, praticien, fils de Jean-Baptiste de Machault, recteur à Chablis, et de Elisabeth Lepère, et Perrette, fille de Philippe Campenon et de Anne Bourgoing.

(Chablis, renommé par ses vins, est une ville où les lettres furent jadis en grand honneur. Les imprimeurs Lerouge, connus dans le monde entier, auraient établi, dans cette localité, leur première imprimerie).

La famille de Machault était très ancienne dans le Nivernais. — En 1333, Pierre de Machault rend hommage au comte de Nevers à cause de Boisjardin. — En 1296, Guillaume de Machault fait aussi foi et hommage. (*Inventaire de Nevers,* col. 498).

M. le comte Henri de Chastellux indique dans l'histoire généalogique de sa maison, pages 127, 134 et 559, que la famille de Machault était alliée aux Boucherat. — (Charles de Boucherat épousa en 1650, Anne de Chastellux).

1842. — Henriette de Machault est présente au contrat de mariage du comte Henri et de Marguerite de Chastellux. — Henriette de Machault épousa le marquis de Voguë, dont le neveu, Mechior de Voguë, est membre aujourd'hui de l'Académie française. Henriette est morte le 1ᵉʳ novembre 1864. Elle était la grand'mère de la marquise de Mac-Mahon.

Boucherat, seigneur de la Forge-Valcon en 1420, grand-père d'Edmond, fut premier maître de la ville de Troyes en 1403. — Louis Boucherat, comte de Compans, mourut chancelier de France, le 2 septembre 1699, sans laisser de parenté mâle. — *Alliances :* Hennequin Machault, Loménie, Barillon, etc. — *Armes :* D'azur au coq d'or, crêté, becqué, barbé et onglé de gueules. — A cette famille appartenait Hélène Boucherat, abbesse des Isles d'Auxerre, morte le 16 mai 1660. (*Archives de Chastellux*).

Les Machault, alliés aux Chastellux, aux Boucherat, etc., sont-ils étrangers aux Machault, alliés aux Bourgoing, aux Lepère, aux Campenon? Nous ne le pensons pas. Les Campenon ont eu aussi un de leurs enfants, Vincent Campenon, membre de l'Académie française qui occupa le fauteuil de Delille. L'académicien était le neveu du poète Léonard dont il recueillit les œuvres. Il était né à Chitri (Yonne) et passa à la Guadeloupe le temps de son enfance. Campenon, Jean-Baptiste-Sébastien, son père, avait été administrateur du département de l'Yonne en 1790.

Jean Bourgoing, avocat au Parlement, marié à Louise de Boucherat, en eut une fille, Louise, morte à Molesmes (Yonne) le 13 novembre 1759. Elle avait été unie le 27 janvier 1698 à André de Changy, écuyer, seigneur de Vizannes en partie. (Communication de M. le comte de Chastellux).

(La famille de Changy descendait de Pierre de Courtenay, fils naturel de Pierre de Courtenay IV, seigneur de Champignelles).

M. Lepère, ancien notaire à Auxerre, fut un des fondateurs de la Société des Sciences historiques et naturelles d'Auxerre, et secrétaire perpétuel de cette société en 1760. Il y prononça l'éloge de l'abbé Lebœuf, le savant historien. (T. XII, p. 234, de l'*Annuaire de l'Yonne*).

La statue du petit-fils de M. Lepère, ancien ministre en 1880, de la troisième république, s'élève sur une des places de la ville d'Auxerre.

4 février 1717. — Mariage de Pierre Durand, gouverneur de la ville d'Auxerre, avec Hélène Bourgoing. — Pierre Durand, procureur, fabricien de Saint-Euzèbe, avait été juge-consul. Les consuls envoyaient des cadeaux à leurs confrères, à l'occasion de leur mariage. Dans les comptes de la Compagnie consulaire, il est fait mention de huit livres pour confitures offertes à M. Durand à l'occasion de son mariage avec demoiselle Hélène Bourgoing. (Année 1894, *Bulletin de la Société des Sciences d'Auxerre*, 1ʳᵉ partie, p. 1).

1119. — Durand, aïeul du gouverneur de la ville d'Auxerre et maire de l'Isle (major de insula), est témoin d'une donation d'Hugues de Montréal et d'Alouïse, sa femme, aux moines de Fontenay. (*Généalogie de la maison de Chastellux*, p. 248).

1161. — En la cour du comte d'Auxerre, accord entre Guillaume, comte de Nevers, et l'abbé de Saint-Germain d'Auxerre. De la part de l'abbé ont signé : Durand, prieur de Saint-Germain, etc. (*Inventaire de Marolles*).

1189. — Durand. Presbiter domus Dei (curé de la Maison-Dieu) est témoin de la ratification donnée par Sybille de Bourgoine, dame de Montréal. (*Cartulaire de Cîteaux*, III, fᵒ 125, — *Archives de Dijon*).

1467. — Jean Durand se trouve inscrit au nombre des brigandiniers du comte de Nevers. (P. 386, *Inventaire de Marolles*).

Rend hommage au comte en 1506, Jeanne Durand, veuve d'Antoine des Réaulx, écuyer, pour divers biens.

1578. — Noble Pierre Durand, écuyer, demeurant au château de Villemoulin, etc.

François Bourgoing, chef de la ligne directe de la branche d'Auxerre, racheta en Auxois (à la veille de 1789), les fiefs ayant appartenu à la famille de Faulin.

Ayant recueilli, dans la succession de ses parents, le sceau de Guiot Bourgoing, chevalier banneret, François mourut en 1779, à Lyon, laissant à son médecin ce sceau qui est conservé au musée de cette ville (collection du docteur Lambert).

La Révolution de 1789 mit fin aux espérances que la famille avait conçues de revendiquer les titres qui avaient été la récompense des auteurs communs. Au pouvoir absolu des Rois, allait succéder pour longtemps l'instabilité des gouvernements.

CHAMBRE DES COMPTES DE DIJON. — COLLECTION PEINCEDÉ

(Vol. 9, p. 146, B 11.729)

Un cahier signé par Lazare Daubenton, lieutenant général au bailliage d'Auxois, le 1ᵉʳ novembre 1503, contenant déclaration et évaluation en gros des fiefs du bailliage telle qu'elle est ci-après rapportée.

Demoiselle Jeanne de La Motte, veuve de feu Othelin Bourgoing, tient es-lieux de Railly, Grésigny, Beauvillers, Suilly, Véliard, Lagorge et de la Foulestière, soixante-quatre livres de rente (Vol. 12, p. 261, B 11080).

Reprise de fief du 9 mars 1774 de la terre et seigneurie de Suilly, appelée la Tour de Rom-prend, de la justice et des trois terriers de Suilly, La Motte et Cheriset (Saône-et-Loire), par François Bourgoing, propriétaire à Lyon, acquéreur en 1772 de dame Catherine-Louise de Fautières, veuve de Jean-Auguste de Sommièvres, capitaine de cavalerie, et héritière universelle de Michel, comte de Fautières, son père, pour le prix de 9.200 livres, par acte reçu, Baron, notaire à Lyon, le 5..... 1772. (Vol. 29 bis, p. 423, B 11107).

Dénombrement du 9 août 1784 du fief de Cheriset, au bailliage de Châlons, par François Bourgoing, propriétaire à Lyon, qui a repris le 9 mars 1774.

Ces fiefs avaient fait partie de la succession de Jeanne de La Motte, veuve d'Othelin Bourgoing de Faulin, chevalier, et étaient échus à leur fille Charlotte qui avait épousé Jean Soreau, frère d'Agnès Sorel. Transmis par succession aux descendants de Jean Soreau et de Charlotte Bourgoing, ils furent dissipés par les Rohan, héritiers directs d'Henriette de Laguiche.

Les signatures apposées au bas des actes ci-dessus émanent : 1° de parents et d'alliés : Leclerc, Chevalier, Le Roy, Boursault, Seurrat, Billeton de Bounon, etc. ; 2° de personnes dont les noms ont acquis une célébrité en Bourgogne : Née de la Rochelle, Goureau d'Avallon, Brice, Delye, etc.

Plusieurs sont mentionnées dans le livre d'or de l'aristocratie Auxerroise, publié en 1890 par M. Molard, archiviste de l'Yonne : Regnauldin, Duvaigne, Bezenger, Evrard, etc.

La plupart de ces familles n'avaient pas une origine féodale.

Celles résidant sur le sol bourguignon disparaissant chaque jour, étaient remplacées et leurs seigneuries occupées par des gentilshommes ayant charge à la Cour, au service du Roi, dans la magistrature et dans l'armée.

La famille parlementaire surtout eut la porte de l'anoblissement ouverte pendant les deux derniers siècles.

La branche d'Auxerre, entraînée dans le flot de la Révolution, disparut dans la tourmente de 1793.

Un de ses enfants avait fondé en 1660 la branche du Languedoc qui suit.

BRANCHE DU LANGUEDOC

Joachim Bourgoing prit du service dans la marine au moment où Armand-Jean du Plessis, cardinal, duc de Richelieu, avait été établi, en 1626, grand-maître, chef et surintendant général de la navigation et du commerce de la France.

Vrai fondateur de la marine française, Richelieu eut le premier l'idée de constituer des compagnies de débarquement. Le célèbre cardinal organisa le premier régiment des galères dont les officiers étaient nommés par le Roi.

L'école des cadets n'existait pas encore, mais les jeunes gens de quinze à vingt ans, de familles nobles ou bourgeoises, apprenaient leur métier à bord et obtenaient leurs grades sous les ordres de leurs officiers. Auparavant les marins nécessaires à la conduite du navire, composaient seuls l'équipage. On admettait bien quelques gentilshommes qui, armés d'une rapière et les vêtements usés, se rencontraient sur les quais, à la recherche d'un engagement, pour monter à l'abordage d'un vaisseau ennemi, mais c'était l'exception. Ces gentilshommes ne recevaient d'ailleurs qu'un salaire en échange, et avant d'avoir l'occasion de se distinguer dans un combat, leur temps se passait dans l'oisiveté. Après la réforme du cardinal, la condition des engagés volontaires fut toute autre. Destinés au commandement, ils étaient élevés pour la guerre et la science navale. A cette époque la jeunesse ardente, aventureuse, éprise de gloire, avait le désir de tout voir, de tout connaître ; les moyens qu'elle n'avait pas venaient de lui être fournis par la création d'une marine forte et puissante.

Armand de Brézé, duc de Fronsac et de Caumont, marquis de Graville et de Brézé, comte de Beaufort et du Plessis, neveu et filleul de Richelieu, participa aux faveurs de ce prélat et s'en montra digne. Il avait commencé à se signaler en 1638 en Flandre, où il servait en qualité de maître de camp d'un régiment.

L'année d'après, il commanda les galères du Roi, puis l'armée navale et fut victorieux de celle de l'Espagne en vue de Cadix le 22 juillet 1640.

Il alla comme ambassadeur en Portugal en 1641, défit la flotte ennemie qui venait au secours de Perpignan en 1642, et en 1643 fut fait grand maître, chef et surintendant général de la navigation et commerce de France, gouverneur de Brouage, des îles de Ré et d'Oléron, du pays d'Aunis et de La Rochelle.

Il n'avait alors que vingt-cinq ans.

En 1645, le comte d'Harcourt, vice-roi de Catalogne, reçut l'ordre du Roi de punir les excès des Catalans en leur enlevant la ville de Rosas ou Roses (Catalogne).

Roses avait été fortifiée. La cour d'Espagne qui avait pénétré le dessein de ce siège y avait fait entrer 3.000 fantassins, 300 chevaux et des vivres et munitions en abondance.

D'Harcourt, de la maison de Lorraine, vice-roi de la Catalogne, envoya le comte Duplessis-Praslin, avec 8.000 fantassins et 600 chevaux, mettre le siège devant Rosas, et se porta lui-même dans la plaine d'Urgel pour contenir Dom André de Cantelune qui commandait l'armée d'Espagne. Une escadre française de 40 voiles, portant du matériel de guerre et des troupes supplémentaires, devait appuyer les troupes de terre. Cette escadre, commandée par le marquis de Gœtte, arriva en mars en face de Rosas. M. de Chouppel avait chargé à Chalon-sur-Saône le matériel de siège. Ce siège commença le 1er avril et le 7, le comte d'Harcourt traversa Gérona, se rendant devant Rosas pour surveiller en personne les opérations.

Une violente tempête qui éclata le 15 du même mois, occasionna la perte ou la dispersion dans la baie de Rosas de plusieurs navires français; de plus, les inondations amenées par le mauvais temps vinrent augmenter les difficultés des assiégeants et retarder leur travaux. Cependant, l'escadre ayant réussi à débarquer les troupes qu'elle amenait, l'aide de ces puissants auxiliaires permit de commencer le 19 avril à battre les remparts. Au moyen d'une barque jetée sur un fossé plein d'eau et qui servit ainsi de pont, on réussit à s'approcher assez des murs pour y établir trois mines. Enfin, le 27 mai, les assiégeants donnèrent l'assaut et restèrent maîtres des remparts, après un combat acharné qui ne dura pas moins de douze heures, de midi à minuit. Le lendemain le gouverneur de Rosas, Dom Diégo Caballéro se rendit, et la reddition du fort de la Trinidat eut lieu deux jours après.

En souvenir de ce beau fait d'armes, les français firent frapper une médaille commémorative représentant un navire battu par les flots, avec cette inscription : « RHODA-CATALONIA-CAPTA, » et sur le revers de la médaille la date « MDCXLV. » Rosas avait capitulé le quarante-neuvième jour de la tranchée ouverte. On voit sur la proue du vaisseau représenté par la médaille, une rose qui était le symbole des Rhodiens dont Rosas est une ancienne colonie et qu'on appelait petite Rhodes.

Le comte d'Harcourt, resté seul après le départ du maréchal du Plessis-Praslin, livra bataille à Dom Cantelune, le 22 juin, près de Balaguer et s'empara de cette ville. Ce nouvel exploit fut marqué par une médaille. La victoire, un pied sur l'urne d'où coule la Sègre, accepte d'une femme, la tête couronnée de tours, les clefs de la ville. On voit dans l'éloignement la Noguère et le pont de Cordes sur lequel on passera. La légende : « HISPANIS CAESIS AD SUIOR ET PYREN SALT, » signifie : « Les Espagnols sont défaits de la Sègre aux Pyrénées. » L'exergue porte : « BALAGUERA CAPTA-MDCXLV (Prise de Balaguer, 1645).»

Antoine de La Fare, qui était monté le premier sur les remparts de Balaguer, fut nommé gouverneur de Rosas, son frère, Charles de La Fare, l'avait précédé comme gouverneur de cette ville. Leurs frères, François de La Fare, baron de Lasalle et d'Alais, maître de camp de cavalerie, et Marc de La Fare, seigneur de Gaujac, capitaine de cavalerie, avaient été grièvement blessés. Leur cousin, Claude-Aleman de Miribel, seigneur de Pompignan, capitaine de chevau-légers, avait été tué.

Les Espagnols revinrent peu après avec une armée pour reprendre Rosas; Charles de La Fare défendit cette place avec une fermeté héroïque. Pendant un blocus de neuf mois, ni la mortalité de la garnison, ni l'extrémité où il fut réduit par le manque de vivres, ni la conjuration des officiers qui servaient sous lui, et de ses domestiques même, ne purent ébranler sa résolution ni le forcer à rendre la ville.

Un grand nombre d'Espagnols accourus de toutes parts en attendaient la reddition pour massacrer les survivants des Français assiégés.

Enfin, les feux du phare qui servaient la nuit à surveiller l'attaque des assaillants, signalèrent la ville assiégée à une flotte française, commandée par le duc de Brézé, qui délivra les assiégés et les ravitailla de vivres, de munitions et de soldats.

La reconnaissance fut grande envers le gouverneur, marquis Charles de La Fare.

Le Roi l'aurait élevé au faîte de la grandeur militaire, mais le noble défenseur de Rosas dut prendre du repos et mourut des fatigues du siège et de ses blessures, le 18 février 1654.

Par quelle heureuse circonstance la flotte du marquis de Brézé se trouva-t-elle en vue de Rosas?

Pour répondre à cette question, il est nécessaire de rappeler combien fut grande la cupidité des Barberini qui comptaient parmi leurs membres le pape Urbain VIII. A l'avènement du successeur de ce pontife, en 1644, qui fut Innocent X, ce dernier confisqua les biens des Barberini. Cette famille quitta l'Italie et vint en France implorer l'appui du cardinal Mazarin. Après de nombreux pourparlers diplomatiques, le cardinal résolut de donner satisfaction aux Barberini, dont Innocent X ne voulait pas entendre parler et il ordonna à une flotte française de s'approcher des Etats du Pape et d'enlever aux Espagnols les places qu'ils occupaient en Toscane.

Le maréchal du Plessis-Praslin étant général en chef, le prince Thomas fut chargé de l'armée de terre et le marquis de Brézé de la flotte. Le siège d'Orbitelle fut décidé et c'est en se rendant devant cette ville qu'Armand de Brézé vit les signaux de détresse de Rosas et secourut les Français assiégés.

Quelques jours après, l'amiral attaqua Orbitelle qui est située au milieu d'un lac presque inaccessible de tous côtés.

Le 14 juin 1648, la flotte espagnole, commandée par Pimental, parut en vue de la flotte française.

On se battit pendant trois heures. Pimental prit la fuite, mais le duc de Brézé victorieux eut la tête emportée par un coup de canon. La flotte française dut alors battre en retraite et la flotte espagnole resta maîtresse de la mer. Le maréchal du Plessis-Praslin se retira en désordre.

En Espagne, on continuait cependant à remporter des victoires.

Le maréchal de Schomberg (1648), assiégea les Espagnols dans Tortose et repoussa Dom Francisco de Mello qui vint pour secourir la ville.

D'Estrée, Antoine de La Fare, parurent les premiers sur la brèche. Calvière, maître de camp, y fut tué.

La résistance opiniâtre de cette ville, prise d'assaut, fut fatale aux habitants, qui moururent passés au fil de l'épée; l'évêque même, à la tête des prêtres et des moines, fut trouvé mort sur la brèche avec une demi-pique à la main.

On frappa une médaille, où l'on voit une femme affligée, assise sur une urne d'où coule l'Ebre, et appuyée sur une ancre, avec une proue de vaisseau à côté, les montagnes à l'arrière-plan représentent la situation de Tortose. Les mots de la légende : « DERTOSA EXPUGNATA, » signifient : « *Tortose prise.* » A l'exergue est la date 1648.

Antoine de La Fare, vicomte de Montclar, baron de la Salendrinque, seigneur de la Bastide d'Engras, de Saint-Martin-de-Valgalgues, etc., capitaine au régiment de la Maillerai, maréchal de bataille, colonel de camp, lieutenant du régiment d'infanterie du cardinal Pétremont de Sainte-Cécile (famille de Bourgogne), gouverneur de Balaguer, avait été nommé gouverneur de Rosas après la retraite de son frère, maréchal de camp et colonel de cavalerie.

En 1659, le traité des Pyrénées mit fin à la guerre et enrichit la France du Roussillon et de la Cerdagne.

Ce fut aussi dans cette guerre, qui eut son contrecoup dans les Flandres, que, Antoine-Hercule de La Fare, baron de Lassalle, estropié d'un bras au combat de Tézin, de l'autre à Rocroi, ce qui ne l'empêcha pas de continuer ses services, mourut de ses blessures à l'âge de trente-trois ans. Il était maréchal de camp. Jacques de La Fare, seigneur de Montjoie, fut tué au combat de Tézin, le 30 juin 1656. C'est ainsi qu'en ce temps on gagnait des provinces à la France et qu'on n'en perdait point.

En récompense des services et des actions d'éclat des membres de la famille de La Fare, la terre de La Fare fut érigée en marquisat.

La famille de La Fare, portait : Ecartelé : au 1ᵉʳ d'azur, à trois phares d'or allumés de gueules posés en trois pals avec devise : « *Lux nostris, hostibus ignis;* » au 2ᵉ d'azur, à trois losanges d'or ; au 3ᵉ de gueules, au château d'or ; au 4ᵉ d'azur, au sureau de sable, dont les branches supportant un écu d'argent à la croix engrelée de gueules qui sont du Plessis-Richelieu et de Dreux-Brézé. — Supports : deux lions affrontés, les têtes couronnées, couronne de marquis.

Les armes complètes des de La Fare sont ainsi décrites par le marquis d'Aubais. (*Bib. de Montpellier*, p. 165, titre : *Uzès*) : « 1° Les trois phares sont : 1° Celui de Roses ; 2° de Balaguer (Catalogne) ; 3° celui d'Agde, villes où les La Fare furent gouverneurs.

» 2° Les trois losanges contiennent les armoiries des trois maisons auxquelles trois frères de La Fare se sont alliés :

» *a*) Jacqueline de Borne, baronne de Laugère, femme de Charles ;
» *b*) Eugracie d'Aleman, comtesse de Mirabel, femme d'Antoine ;
» *c*) Anne de Cambis, baronne d'Alais, femme de François.

» 3° Le château d'or représente l'héroïque défense d'Almuys de Montclar, dame de La Fare. » Dès son origine, la bravoure et le courage avaient été les qualités dominantes de cette famille » du Languedoc. » (Voir dans la *Généalogie des La Fare*, le fait qui donna lieu à la nomination de Guillaume de La Fare à la charge de chambellan à la cour de Charles VII).

4° Les armes des Soreau et des Brézé se retrouvent dans le quatrième quartier de l'écu des armoiries des marquis de La Fare. Elles constatent la reconnaissance de ces derniers envers Armand Maillé de Brézé, commandant la flotte qui apporta aux assiégés de Rosas un secours inespéré pendant l'attaque de cette ville par les Espagnols.

Armand Maillé de Brézé, neveu de Richelieu, descendait d'une fille naturelle d'Agnès Sorel, Charlotte, qui avait épousé Jacques de Brézé.

Joachim Bourgoing, qui s'était engagé à seize ans dans la marine, faisait partie des troupes qui s'étaient embarquées à Chalon-sur-Saône en 1645 et assista à toutes les opérations d'une longue guerre.

La nouvelle de la paix, traitée le 7 novembre 1659 par la cession à la France du Roussillon et de la Cerdagne, ne fut rendue officielle à Paris que le 21 février 1660. Un *Te Deum* fut chanté à Auxerre le 4 mars 1660. Deux feux de joie furent allumés dans la soirée de ce jour dans tous les quartiers, et l'on se réjouit du mariage de Louis XIV avec l'infante d'Espagne. (V. *Histoire d'Auxerre*, par CHARTON, 2 volumes).

3 août 1707. — Testament de haut et puissant seigneur, messire Antoine de La Fare, chevalier, marquis de La Fare, vicomte de Montclar, baron de Salendrenque, seigneur de Blannave, Saint-Martin-de-Valgalgues, la Bastide-d'Engras, Saint-Aubin, Saint-Martin-du-Puech, Cendras, etc., ci-devant colonel d'infanterie et de cavalerie, gouverneur des forteresses et villes de Balaguer et de Rosas, en Catalogne, maréchal de camp, gouverneur du Fort-de-Brescou, du fort de la ville d'Agde, lieutenant pour le Roi en cette province du Languedoc, fils et héritier de feu haut et puissant seigneur messire Jaques de La Fare, seigneur et marquis desdits lieux et paroisses, et de feue dame Gabrielle d'Audibert de Lussan, habitant la ville d'Alais où il veut être enterré en sa chapelle qui est la seconde en entrant à main gauche dans l'église des R. P. Cordeliers, etc......

Parmi les legs on remarque le suivant : « Plus ledit seigneur, testateur donne et lègue à son écuyer Etienne Bourgoing, en considération des services qu'il lui a rendus et rends journellement, avec attachement de même que feu son père, la somme de cinq cents livres pour une seule fois payable dans l'année de son décès par son héritier ou par un de ses fermiers au choix dudit

Bourgoing, et en outre de ladite somme, ledit seigneur testateur donne à Etienne Bourgoing une pension viagère de cent livres, à prendre annuellement chaque jour de la Saint-Barthélemy (jour de la grande foire d'Alais), et dont le premier paiement sera à Saint-Barthélemy prochain, sur ses fermiers de la terre et seigneurie de Montclar et ainsi continuera pendant tout le temps qu'il restera au service dudit seigneur et de son héritier François, marquis de La Fare, marié à Marie de La Fare, fille de Charles-Auguste et sœur du maréchal de France, Philippe de La Fare, auquel il recommande d'avoir en considération ledit Etienne Bourgoing, écuyer.

Ce testament a été contrôlé à Alais le 27 octobre 1707 par Audoyer, et Gaillard, le 11 novembre 1707. Expédié et collationné sur l'original en 1744, par Mᵉ Saury, notaire royal, acquéreur des minutes de Mᵉ Gaillard-Saury, son beau-père et prédécesseur.

DESCENDANCE DE JOACHIM BOURGOING

Extrait des actes curiaux de Pompignan, de Saint-Hippolyte, etc.

M. le marquis de La Fare, commandant en chef de la province du Languedoc, épousa la dernière héritière du château de Mirabel à Pompignan. (La signature de Joachim est apposée au contrat de mariage. (Sauve, 1665, des Claris, notaire). (Voir aux *Annexes* les fac-simile de sa signature à tous les âges de sa vie.)

Joachim se fixa dans cette localité du Gard. Il prit alliance en 1668 avec la fille du bailli de Pompignan, Claire Coulet du Crès ; il avait alors quarante ans.

Il mourut le 22 juillet 1686, à l'âge de cinquante-huit ans. Son testament, daté du 18 juillet de la même année, contient un legs pour la confrérie [1] des pénitents dont Joachim était le prieur et un legs pour les pauvres.

Coulet, bailli, beau-père de Joachim, mourut après son gendre et fut inhumé dans l'ancienne église. Claire Coulet, femme de Joachim, mourut dix ans après son mari et fut inhumée dans l'église nouvellement reconstruite à cette époque.

La famille Coulet, originaire du Dauphiné, était venue à Pompignan avec M. Aleman qui ajouta à son nom celui de la seigneurie de Mirabel. Ces deux familles avaient droit de sépulture dans l'église de Pompignan. Ce même privilège fut accordé à la famille Bourgoing.

Joachim, écuyer, viguier [2] du comté d'Alais, eut de sa femme :

1° CLAUDE, né le 1er juin 1673. Conseiller du roi, maire d'Auriac, en Lauragais. Claude fut député aux Etats de Narbonne. (Sa commission de l'office de maire d'Auriac et sa prestation de serment furent reçus par M. de Room, subdélégué de l'intendance, le 15 décembre 1735. — *Archives de la famille*).

Le compoix (terme usité en Provence et en Languedoc pour désigner le cadastre) contient l'énumération des propriétés de Claude à Pompignan. Il mourut le 9 avril 1747 : il était l'aîné de sa génération.

---

(1) Les confréries s'établissaient sans lettres patentes et pouvaient recevoir des legs et des rentes.

(2) La charge de viguier, dans le Midi, vicomte dans le Nord, était d'importation italienne. En Italie, le viguier était le vicaire du Podestat.

En France les comtes nommèrent les viguiers (*Histoire du Midi*, MARY-LAFONT, t. IV, p. 296).

A cette époque où l'autorité royale avait commencé à prendre en main les intérêts de tous, des garanties étaient exigées des juges seigneuriaux. L'ordonnance de 1560 qui prescrivit la réception du serment par la juridiction royale prouve le caractère public de la fonction de viguier.

Les seigneurs ne pouvaient faire aucune vente, soit futaies ou taillis, sans l'assistance du viguier (édit. de 1707) ; celui-ci faisait le martelage et les récolements, mettait les acquéreurs de coupe en possession, nommait les gardes, recevait leur serment et jugeait les délits forestiers. Dans le nord de la France, les juges de seigneurs, plus spécialement affectés à la conservation de forêts étaient tenus à habiter le plus près des bois, et se nommaient gruyers. Mais ils n'étaient pas astreints à la résidence ; ils pouvaient remplir leurs fonctions auprès de plusieurs seigneuries, être même prévôt dans un lieu et juge dans l'autre. Les limites de leur juridiction étaient indiquées par des poteaux carrés aux armes du seigneur. (Voir BABEAU, *l'Ancien régime*). — (Voir pour les fonctions de bailli, *l'Annuaire de l'Yonne*, 1890).

Il eut de sa femme, Marguerite Bruguière : (1)

A) Fulcrand, mort jeune ;

B) Joachim, qualifié de neveu dans le testament d'Etienne et de parrain dans l'acte de naissance de Benjamin Joachim.

Joachim épousa Marie Metge, dont il eut :

a) Joachim-Auguste, baptisé le 7 juin 1746 ;

b) Marguerite, baptisée le 19 mai 1748, qui épousa le 3 septembre 1774, Jean la Bruguière, officier au régiment royal comtois ;

c) Joseph-Joachim, né en mai 1754, mort le 3 juin de la même année.

2° Etienne, dont l'article suit ;

3° Marie, née le 20 mai 1669, épousa Jean de Claparède. Devenue veuve, elle décéda le 20 mai 1729 à l'âge de soixante ans ; elle avait eu de son mariage une fille : Jeanne ;

4° Catherine, née le 28 août 1670. Son parrain fut Coulet, notaire, son oncle ; sa marraine, Catherine Coulet de Ferrières, sa grand'mère. Elle décéda à l'âge de trois ans et neuf mois, le 6 juin 1673 ;

5° Thérèse, qui épousa Jacques Boudon ;

6° Fulcrand, né le 3 août 1675, décédé le 19 juin 1678 ;

7° Claude, né le 5 avril 1678, mort le 24 mai suivant.

§

Etienne naquit le 8 novembre 1679 à Pompignan, seigneur de Ceyrac, en partie, écuyer, viguier du marquisat de La Fare, et lieutenant de juge, décéda en 1738 à l'âge de cinquante-neuf ans.

Etienne fit son dernier testament en 1738, par lequel il annulait ses précédents et expressément celui qu'il avait fait en 1727 devant M⁰ Prunet, notaire à Saint-Martin-de-Londres. (V. aux *Annexes*).

Il fit une donation aux capucins de Sauve.

L'inventaire de la succession fut dressé le 12 janvier 1745. (V. aux *Annexes*).

Etienne épousa Marie Gaudard, fille d'un docteur en médecine de Pompignan. (La famille Gaudard était originaire d'Orléans).

Marie Gaudard mourut en 1770 après avoir donné naissance à :

1° François, qui suit ;

2° Etienne, bachelier en droit civil et en droit canon en 1739, mort à trente-cinq ans, inhumé dans l'église de Pompignan. (V. diplômes, *Archives de la famille*) ;

3° Marie-Thérèse, née le 12 août 1725 ; parrain : Simon Perthuis (2), frère servant de N.-D. du Mont-Carmel, chevalier de Saint-Lazare de Bethléem ; marraine : demoiselle Thérèse Bourgoing faisant pour Antoinette-Marguerite Buquet, épouse absente du parrain ; mort jeune ;

4° Marie, née le 16 juillet 1721, épousa par contrat du 17 octobre 1739, reçu par M⁰ Lacroix, notaire à Saint-Hippolyte, Jean Fulcrand d'Ombras, seigneur de Ceyrac. Le contract fut passé dans le château de Mirabel, résidence du viguier ;

---

(1) Leur petit-neveu, Benjamin-Joseph, fils du chirurgien-major de Sommières, né en 1772, comte de l'Empire, fut tué à Bautzen en 1813 ; général de division, il avait épousé la nièce de Berthier, prince de Wagram, dont il avait été l'aide de camp.

(2) Simon Perthuis se trouvait à Pompignan comme visiteur. Sa famille avait habité le voisinage du château de Faulin. Son grand-oncle, Jean Perthuis, avait été gruyer de l'abbaye de Châtel-Censoir, à 2 kilomètres de Faulin. Les archives de la paroisse de Châtel-Censoir établissent que Jean Perthuis est mort le 8 février 1649 à l'âge de quatre-vingt-douze ans, après avoir fait réparer l'église à ses frais. (Victor Petit, *Avallon*, p. 289).

5° MARGUERITE-THÉRÈSE, épousa François Donnat, de Balaruc-les-Bains (Hérault). (Marie, leur fille, épousa de Girard de Mèze. Elle mourut le 23 septembre 1831. Ses deux petits-fils, MM. de Girard, habitent Montpellier, ainsi que ses deux petits-neveux, M. Joseph de Girard, professeur à la faculté de médecine, et M. Paul de Girard, conseiller général de l'Hérault. Sa petite-fille a épousé M. Vieules, conseiller à la Cour d'appel de Montpellier);

6° MARIE-ROSE, née le 22 juillet 1727, épouse Baissade. (Leur fils fut docteur en médecine et leur fille épousa M. Merlin, docteur en médecine à Pompignan);

7° JEANNE-GENEVIÈVE, née le 23 janvier 1729, épousa Jean-Jean du Causse de Casevieille;

8° ETIENNE-JOSEPH, né le 28 mai 1737; parrain : Etienne Triaire, brigadier d'ingénieur de Sa Majesté; marraine : Marguerite-Thérèse, sœur du baptisé;

9° JEAN-LOUIS, né le 3 août 1732, mort jeune;

10° ETIENNE-BENJAMIN-JOACHIM, né le 5 avril 1731; parrain : Joachim, fils de Claude Bourgoing, conseiller du roi; marraine : une sœur du baptisé.

Etienne III se maria deux fois : Du premier mariage avec sa cousine germaine, Marguerite Boudon (1), il eut :

1° JOACHIM-BENJAMIN, né le 14 septembre 1761;

2° MARIE-ROSE, baptisée le 24 octobre 1763 et qui épousa, le 12 septembre 1776, Louis de Virgile Dupré de Saint-Laurent, de Carnas, diocèse d'Uzès, fils de François de Virgile et de Louise de Serres.

3° MARGUERITE-THÉRÈSE, baptisée le 27 janvier 1767.

Du second mariage, avec Madeleine Sauzet, sont issus :

4° JOSEPH-PIERRE-JOACHIM, né le 5 février 1772;

5° JACQUES-LOUIS-FRANÇOIS, né le 13 septembre 1774; parrain : messire Jacques Sauzet, son oncle, curé de Saumane; marraine : dame Marguerite de la Croix de la Roque, épouse de noble Thomas de Moissac;

6° MARGUERITE-THÉRÈSE-LOUISE, née le 30 mai 1773;

7° JOSEPH-ROMAN, né le 15 décembre 1777; parrain : Jacques-Roman Sauzet, gradué en droit, notaire royal à Saint-Hippolyte, oncle du baptisé; marraine : Jeanne d'Ombras;

8° MARIE-ADÉLAÏDE, née le 20 décembre 1778; parrain : Barthélemy de la Combe de Saint-Bauzille; marraine : Marie du Pin de Saint-Roman. (Marie-Adélaïde épousa Nadal, fils du notaire de Saint-Hippolyte (1776), le 6 thermidor, an VII. Leur petite-fille épousa F. Bourras);

9° ETIENNE-LÉON, baptisé le 9 juillet 1780, mort sans postérité, a laissé, par testament en date du 26 octobre 1837, sa fortune à ses neveux;

10° AUGUSTE-THÉODORE, baptisé le 14 juin 1782, mort la même année;

11° FRANÇOIS-ETIENNE, frère germain de Marie. (Acte notarié du 26 septembre 1806, établissant son dégré de consanguinité avec sa sœur).

Il eut de sa femme, née Parlier de Montpellier, un fils :

A) CHARLES-FRANÇOIS, qui laissa par testament à sa femme, née de Girard de Mèze, une partie de sa fortune, et l'autre partie, au bureau de bienfaisance et aux hospices de la ville de Montpellier.

Aujourd'hui le Petit Lycée est installé dans l'ancien hôtel et parc de Mme veuve Bourgoing, à Boutonnet. M. Bourgoing a laissé aux Girard, ses neveux, tous ses biens;

---

(1) Les dispenses pour consanguinité furent accordées par M. de Montoulieu, prévôt de la cathédrale d'Alais, official de Mgr l'Evêque d'Alais. La bénédiction fut donnée aux époux par le R. P. Jean-Baptiste de Levis-Mirepoix, prêtre capucin et vicaire des capucins de Sauve.

12° Jean-Louis, épousa le 23 avril 1814 Marianne Volle. Leur fils Joseph eut de Joséphine d'Ombras :

A) Marie ;

B) César, receveur des finances, qui s'unit à Thérèse Bru en 1884 ; ils eurent :

a) François ;

b) Jeanne.

§

Jean-François avait obtenu ses grades de bachelier en droit civil et en droit canon, à l'université d'Orange. (Diplôme du 6 novembre 1756). Avocat postulant à Saint-Hippolyte, il fut nommé juge du district de cette ville, le 28 octobre 1790, par lettres patentes du roi Louis XVI, et prêta serment devant la commune de Saint-Hippolyte qui l'avait élu à ces fonctions, choix que le roi ne fit que ratifier.

Juge à la Cour royale de Nîmes, il prêta serment le 29 novembre 1790. (Serment des cinq juges de la Cour royale qui sont) :

1° De la Grave ;

2° Durand ;

3° Bourgoing (Jean-François) ;

4° Randon ;

5° De Saumane.

Jean-François mourut le 7 février 1710 à soixante-treize ans, laissant une grande réputation de probité.

Il échappa à la loi des suspects de 1793, les membres de la commune de Saint-Hippolyte lui ayant donné un certificat de civisme. (Ce certificat signé : Parran, etc., porte le cachet de la municipalité, an v de la République).

Par contrat du 12 novembre 1761 (Dadre, notaire), Jean-François épousa Catherine Gay, fille de Pierre Gay et de Marthe du Cailar. Cette union fut bénie le 11 janvier 1762 par M. de Maurissargues, curé de Saint-Hippolyte.

Il eut de sa femme onze enfants.

Sur son livre de raison, les noms et les dates de naissance des enfants sont inscrits de la main de leur père. (*Arch. de Cross.*) :

1° Pierre, qui suit ;

2° Jean-François-Benjamin, né le 23 septembre 1764, mort jeune ;

3° François, né le 1er décembre 1865, devint inspecteur de l'enregistrement et des domaines et mourut en février 1819, à l'âge de cinquante-quatre ans, sans avoir été marié.

4° Charles-François-Philippe, né le 20 novembre 1767 ; parrain : noble Charles-Philippe de Guimpertz, capitaine au régiment de Condé. Le 4 juin 1810, il fit cession de ses droits héréditaires ; mort sans enfants ;

5° Catherine-Marthe, née le 23 février 1770, morte jeune ;

6° Marie-Constance-Françoise, née le 11 mars 1772, épousa en premières noces, le 12 septembre 1812, Jean d'Ombras, ancien procureur général de Montpellier, et en deuxièmes noces M. de Leuzes, capitaine de cavalerie, chevalier de la Légion d'honneur, cité à l'ordre du jour de l'armée à la prise de Bassano (Italie) ;

7° Louis-Auguste-Benjamin, né le 4 avril 1773, receveur des finances en Belgique, pendant l'occupation française. Il épousa Xavièra Callier, dont le frère, Bernard Callier, a été un jurisconsulte estimé en Belgique.

8° MARIE-EULALIE, née le 21 février 1775, mourut le 2 novembre 1806 à l'âge de trente et un ans. L'aménité de son caractère et l'empressement qu'elle portait à justifier sa réputation lui valurent de justes regrets ;

9° ETIENNE-BENJAMIN, né le 11 décembre 1777, fut receveur de l'enrègistrement en Belgique, puis directeur de cette même administration à Bourg (Ain), où il résida longtemps. Il eut de sa femme, Thérèse Hallebardier :

A) MARIE, brûlée par les Prussiens, dans son berceau, sous les yeux de sa mère, attachée avec des cordes au pied de son lit ;

B) BENJAMIN, chef d'escadron dans la garde de Paris, commanda en chef en 1870 le département de la Marne ; officier de la Légion d'honneur. Il avait épousé Berthe Ricard. (Mort sans enfants en 1882).

Une épée d'honneur lui fut offerte en 1872 par ses soldats ;

C) EULALIE, épousa M. Auguste Ducasse, capitaine au 20ᵉ bataillon de chasseurs à pied, chevalier de la Légion d'honneur. Leur fils, Isidore Ducasse, capitaine au 19ᵉ dragons, chevalier de la Légion d'honneur, fut blessé grièvement de trois coups de lance à Gravelotte le 16 juillet 1870 ;

D) AUGUSTE, receveur de l'enregistrement à Marseille.

10° JEAN-JOSEPH, né le 15 février 1780, fit avec succès ses études à Roanne et devint directeur de l'enregistrement. Il épousa Rosanne de Curton. Le 12 mars 1815, Joseph avait fait cession de ses droits héréditaires. Il mourut en 1848 ;

11° MARIE-LOUISE-SOPHIE, née le 11 septembre 1783, décédée en 1865.

§

Pierre-Louis naquit le 16 septembre 1762.

Avocat au Parlement, il prêta serment à Toulouse le 28 avril 1782. Un extrait de l'acte de serment reçu à la requête du Procureur général de Rességuier, porte que l'avocat devait satisfaire aux règlements concernant les lectures à l'audience et la décence des habits. (La noblesse personnelle était attribuée aux avocats bacheliers ès-lois).

Il fut nommé, en 1788, juge de seigneurs (1) et prêta serment le 12 janvier 1788, à la Cour de Montpellier en cette qualité.

Les provisions de sa charge furent enregistrées et copie lui en fut donnée par M. de Barthe, alors sénéchal.

---

(1) Seigneurs :

1° Del Puech, marquis de Comeiras, gouverneur de la ville et fort de Saint-Hippolyte, lieutenant général des armées du Roi. Seigneur de Comeiras. — *Armes :* l'écusson de gueules à un château d'argent maçonné de sable...., donjonné de trois tours de même (surmonté d'une couronne de marquis, supports : deux vautours);

2° Marguerite de Cormier, épouse de Jacques de Bèze, capitaine d'infanterie, chevalier de Saint-Louis, co-seigneur du territoire de Saint-Hippolyte. — *Armes :* Un écusson surmonté d'une couronne de Comte, accompagné de lambrequins avec deux canons en croix de Saint-André;

3° Joseph-Marie de Girard, écuyer, seigneur de Lauret. — *Armes :* Tour maçonnée de sable avec deux chimères pour supports et lambrequins;

4° Joseph de Lauvergnat, chevalier, seigneur de la Blatière, chevalier de Saint-Louis, ancien capitaine de cavalerie dans le régiment d'Orléans. — *Armes :* Un écusson avec une colonne surmontée d'une couronne de marquis accompagnée de lambrequins;

5° Pépin, écuyer, seigneur de Monoblet, colonel au service de la Hollande. — *Armes :* Un écusson avec trois étoiles sur champ d'azur et un olivier sur champ de gueules surmonté d'un tortil de baron et accompagné de lambrequins.

Par contrat du 3 juin 1787 (Jean-Jean, notaire), Pierre-Louis épousa demoiselle de Caylus, fille de Jean de Caylus et de demoiselle de Tourilhe.

Il fut nommé chevalier de la Légion d'honneur en 1827 et mourut en 1842. (1)

Pierre-Louis eut de sa femme neuf enfants :

1° Catherine-Joséphine, baptisée le 14 février 1788 ;

2° Julie-Claire, baptisée le 22 mai 1789 ;

3° Jean-François, baptisé le 23 mai 1791 ;

4° Eugène-Charles, baptisé le 9 février 1793 ;

5° Léon-Charles, née l'an viii de la République ;

6° Philippe-Léon, né le 9 thermidor an xii ;

Ces six enfants sont morts jeunes dans la période révolutionnaire ;

7° Paulin, dont l'article suit ;

8° Auguste, curé, fondateur de la paroisse Saint-Augustin, à Paris, chevalier de la Légion d'honneur, mort en novembre 1867, âgé de cinquante-six ans ;

9° Félix, avocat, mort à vingt-six ans. Il avait été baptisé le cinquième jour complémentaire de l'an iii de la première République.

§

Paulin-François, propriétaire à Cross, épousa en 1834 Amély Du Puy.

Il eut trois enfants :

1° Henri-Louis-Joseph-Marie, qui suit ;

2° Marie ;

3° Isabelle, mariée en 1866 à Sosthème de Morot de Grésigny.

§

Henri, avocat, ancien magistrat, marié en 1864 à Marie Vallès, fille de M. Vallès, inspecteur général des Ponts et Chaussées, et de Sabine de Tinseau.

De ce mariage :

1° Guillaume, né le 27 mars 1865, ingénieur ;

2° Léon, mort en bas-âge. .

3° Amélie, née le 26 novembre 1867.

---

(1) Pierre-Louis Bourgoing fut décoré par Louis XVIII le 1er décembre 1821 pour services civils (organisation des bureaux de bienfaisance). Cette décoration qui se trouve aux médaillers de Cross porte d'un côté l'effigie d'Henri IV avec cet exergue : « Henri, roi de France et de Navarre » et sur le revers trois fleurs de lys surmontées de la couronne royale avec l'exergue : « Honneur et Patrie ».

Le 21 juin 1814, le Roi avait rendu une ordonnance relative aux changements adoptés dans la décoration de la Légion d'honneur. Les ordres de Saint-Louis et de la Légion d'honneur furent maintenus par la déclaration de Saint-Ouen. A l'aide d'un anachronisme, la Restauration voulut rattacher l'institution aux souvenirs de l'ancienne monarchie. Une gracieuse et touchante fiction reporta l'origine de la Légion d'honneur à Henri IV, héros de la race des Bourbons.

Par le même édit de Saint-Ouen, l'ancienne noblesse reprit ses titres.

ARMOIRIES

Les armoiries de la maison, indiquées dans l'*Inventaire de Nevers*, colonne 735, sont aussi mentionnées dans les colonnes ci-après :

1° Col. **114**. — **Mai 1585**. — Hommage rendu au comte de Nevers par Gabriel Bourgoing de Faulin et de Champlévrier, de différents titres dont il fait le dénombrement. Au bas de cet acte se trouve un écusson d'argent à trois tourteaux de gueules ;

2° Col. 207. — Anne Bourgoing, veuve de Gilbert du Crest, en 1607 fait hommage au duc pour la terre de Montreuillon. (Ecusson d'argent à trois tourteaux de gueules) ;

La clef de la quatrième travée de la nef de l'église de Saint-Jean-Baptiste, à Moulins-Engilbert, porte un écusson à trois tourteaux. (La couleur est malheureusement effacée) ;

L'entrée de Charles Bourgoing, marquis de Faulin, comme député aux Etats de Bourgogne, à cause de sa terre de Coulanges-sur-Yonne ; et les preuves de Malte que Pierre Bourgoing produisit pour être reçu dans l'ordre de Saint-Jean-de-Jérusalem, attribuent à la maison les mêmes armoiries.

La devise : *Deo, Conscientie et Honori,* existe encore, gravée sur la porte du château de Faulin.

SIGILLOGRAPHIE

L'usage des bezans et des tourteaux dans les armoiries a été importé de l'Orient. Les bezans, pièces de monnaie d'or ou d'argent, ont tiré leur nom de la ville de Constantinople (*alias* Bizance).

Louis VII, le Jeune, le premier des rois de France qui ait entrepris des voyages d'outre-mer, pour faire la guerre aux infidèles, introduisit dans son royaume l'usage des bezans pour les armoiries.

SCEAU

MATRICE

Quand il revint en France en 1149, il en apporta plusieurs qui étaient en or. Lorsque l'écu en est rempli, on l'appelle bezanné. Les *tourteaux* ne sont ainsi appelés que pour marquer leur figure ronde; quoiqu'ils soient formés comme les bezans; il y a néanmoins cette différence entre les uns et les autres que les bezans sont toujours d'or ou d'argent, et les tourteaux de quelqu'autre couleur : lorsque l'écu est d'or ou d'argent, la règle étant de ne pas mettre couleur sur couleur, les tourteaux doivent être d'une autre couleur que celle de l'écu.

Le sceau avec sa légende en lettres gothiques : « Guiot Bourgoing » porte un écu bezanné, penché, à trois bezans ou tourteaux, avec une molette en abîme et une bordure, brisure de puinesse, surmonté d'un casque (ou heaume) avec un bezan ou tourteau au milieu d'un vol banneret pour cimier.

Il est en bronze clair, recouvert par le temps d'une patine noirâtre; sa forme est plate, le revers était autrefois muni d'une oreillette à charnière qui servait à en faciliter la préhension.

La conservation de ce petit monument historique est satisfaisante; il est finement gravé. Sa date est du milieu du XV° siècle. Cette opinion d'un homme de l'art, (M. Dissart, directeur du musée de Lyon), déduite de l'histoire de la gravure en France est confirmée par les actes de notre travail généalogique : en effet, Guiot Bourgoing, chevalier banneret, vivait en 1441, et était frère de Charlotte Sorel, née Bourgoing. Ce sceau, d'un cadet de la famille de Champlévrier, est conforme à la règle héraldique et dérive des armoiries pleines de la maison.

Les neufs émaux employés dans les armoiries au XVII° siècle ont été représentés par la gravure, au moyen de points, de hachures, etc., disposés d'une manière particulière. (Voir Christophe Le Blon, inventeur de la *Gravure en couleur dans la gravure en manière noire*, Paris, Jules Didot, 1839, in-8°, rare).

L'argent par un fond tout uni.

L'or par un fond sablé à petits points.

Le gueule par des hachures verticales.

L'azur par des hachures horizontales.

Etc., etc.

Appliquer ces règles modernes à la reproduction de sceaux ou médailles antérieurs au XVII° siècle serait en détruire le caractère et l'authenticité.

L'absence de ces hachures, points, etc., dans les armoiries, fait comprendre, à première vue, l'ancienneté du blason d'une famille.

L'histoire, l'art héraldique et les sciences qui en dérivent se prêtent un mutuel appui. Nos récents aïeux ont tenu parfois des livres de raison, mais nos ancêtres les plus éloignés écrivaient peu: le bronze, le marbre et même les pavés des appartements de leurs châteaux, reproduisaient blason, devise et armoirie.

La famille a retrouvé, pour témoigner de son passé, trois épaves parmi les ruines amoncelées par les âges et les révolutions.

Les documents historiques et la sigillographie s'unissaient déjà pour mettre en lumière notre histoire généalogique quand la céramique a aussi apporté à nos travaux une définitive consécration.

L'école des arts décoratifs, à Paris, possède parmi les dessins de carreaux de Bourgogne, trois carreaux provenant du château de Faulin (Yonne).

M. Adolphe Guillon, peintre distingué, originaire de Vézelay, a reproduit dans la bibliothèque de l'École de dessin, à Paris, les carrelages du château de Faulin (Yonne) qui représentent :

1° Une fleur de lys, ornée de deux roses surmontées d'une couronne de marquis;

2° Un dauphin d'argent posé en fasce, surmonté d'une couronne de prince ;

FRAGMENT DE BORDURE

D'UNE MOSAÏQUE DU CHATEAU DE FAULIN

Hauteur réelle des pavés. . .	37 centimètres.	
Largeur réelle des pavés. . .	25	—
Réduits ici à : Hauteur. . . .	21	—
— Largeur. . . .	6	—

« Les pavés du château de Faulin reproduits, agencés et combinés différemment, formaient dans les bordures des entrelacs d'un grand effet décoratif. »

René MÉNARD,
*Professeur à l'École nationale des Arts
décoratifs.*

Les Romains, qui avaient emprunté aux Grecs les procédés de l'art de la mosaïque, les importèrent dans les Gaules. Le passage des Romains dans l'Yonne en a laissé des preuves irréfutables : la découverte, par M. le comte de Chastellux, de la mosaïque des Chagniats, est un des plus beaux échantillons que l'on puisse citer : elle est le témoignage de la richesse des Romains et de l'habileté des artistes venus avec eux dans nos pays. L'art du mosaïste resta l'apanage des habitations princières, mais disparut avec l'invasion des Barbares ; il fallut l'influence des Croisades pour ramener de chez les Orientaux, où le goût des ornements s'était conservé, le retour de nos rudes chevaliers et de nos pèlerins ; mais les mosaïques étant d'un prix très élevé furent remplacées, au XVIe siècle, par des carrelages historiés et armoriés.

3° Un écusson avec une bordure, brisure de puinesse, portant un lambel de trois pièces en en chef et un sautoir ou croix de Saint-André.

Ces armoiries appartiennent :

1° A Jeanne de Montmorency Lauresse (branche de Fosseux), fille d'honneur de Marie de Médicis, mariée à Jean Bourgoing, marquis de Faulin. Jeanne était née de Pierre de Montmorency, marquis de Lauresse, et de Suzanne, baronne de Rieux (Languedoc).

Les fleurs de lys régnaient dans les armoiries des Montmorency; elles furent remplacées après la bataille de Bouvines par seize alérions d'azur pour rappeler les meurtrissures des membres de cette maison ducale dans les combats au service de la royauté.

A la fin du XVIᵉ siècle les femmes ne faisaient pas usage de cachet à leurs armes; l'empreinte d'une fleur préférée, d'un amour ailé, (1) etc., leur suffisait. Jeanne avait choisi une fleur de lys façon Florentine, qui rappelait à la fois l'ancien emblème du blason des Montmorency et aussi sa qualité de fille d'honneur de la reine de France, issue des Médicis de Florence.

La couronne de marquise affirmait ses droits de préséance à la Cour et au tabouret accordé aux personnes ayant titre et couronne ;

2° Louise Bourgoing de Faulin, fille de Jean, écuyer tranchant du comte de Nevers, et de Madeleine du Pontot, mariée à N... des Guerres de La Croix, trésorier de Catherine de Médicis.

Le dauphin d'argent, posé en fasce, est l'emblème du blason du Dauphiné. Cette province était formée par les départements d'aujourd'hui, les Hautes-Alpes, la Drôme et l'Isère.

La famille de La Croix était originaire de Romans (Drôme).

(V. *Amedeus del Guers*, Monetus de Cruce. — Assemblée de Romans, 15 mars 1376. — Gilet Guerre, maître de la monnaie de Montélimart et de Romans, 1450-1455. — Jean Guerre, dit *Rolland mercator romanis et consul* en 1487).

Une branche s'était établie en 1450 dans le Nivernais ; le dauphin d'argent en rappelait l'origine ; les bezans, les professions de ses membres : trésoriers, contrôleurs, intendants, capitaines des comtes de Nevers, de Tonnerre, etc., mentionnés dans les colonnes de l'*Inventaire de Nevers*, (Nᵒˢ 81, 388, 697, 156, 205, 206, 413, 449, 234, 400, 151).

La couronne de prince, ornement du carrelage de Faulin (château restauré en 1597), était un gracieux souvenir des alliances de la maison Bourgoing avec les de Guers dits de La Croix. Cette famille, la récente obligée des faveurs royales, pouvait compter, dès 1607, des princes-évêques parmi ses membres.

En effet, Jean de La Croix, veuf de la marquise de Pisançon (Drôme), intendant des armées, entra dans les ordres après le traité avec la Savoie, qui valut à la France le Bugey, la Bresse et le pays de Gex.

Jean de La Croix avait déjoué la trahison de Biron dans la guerre qu'Henri IV fit au duc. (*Histoire de France*, Anquetil). Le roi récompensa de si grands services en nommant l'ancien intendant, devenu prêtre, évêque et prince de Grenoble (1606 à 1609), avec survivance de ses titres, en faveur de son fils cadet, Alphonse de La Croix (1619 à 1629) ;

3° Regnaulde de Nevers, mariée en 1480 à Guillaume Bourgoing, de la ville d'Auxerre. (V. *Acte de partage* de la succession de Guillaume Bourgoing, entre sa veuve et ses enfants, 19 janvier 1505. — *Archives départementales de l'Yonne*).

Les Nevers, auxquels Guillaume Bourgoing était allié, descendaient des comtes héréditaires de Nevers. Le chef de cette maison était Robert-le-Fort, duc de France et de Neustrie en 855, comte d'Auxerre, de Paris, de Nevers et d'Orléans, du Maine et d'Anjou, époux d'Adélaïs, fille de Louis le Débonnaire. (V. la *Généalogie des Nevers*, établie d'après l'*Art de vérifier les dates*, par Monseigneur Crosnier, président de la Société nivernaise, *Bulletin* de l'année 1864. — Voir aussi col. 259, 262, 224, 278, pages 518, et 484 de l'*Inventaire de Nevers*).

---

(1) Cachet de la princesse Clémentine d'Orléans.

EXTRAIT DE LA GÉNÉALOGIE DES COMTES DE NEVERS, PAR MONSEIGNEUR CROSNIER

Guy de Nevers, comte héréditaire (1158 à 1176), épousa Mahaut de Bourgogne, dont il eut :

1° GUILLAUME, mort sans alliance en 1181 ;

2° AGNÈS, comtesse de Nevers, d'Auxerre, de Tonnerre ; elle tenait ce dernier comté de Renaud, son oncle, qui avait suivi Louis le Jeune en Palestine. Agnès administra ses comtés de 1181 à 1184, sous la tutelle de son oncle Philippe-Auguste, roi de France.

Elle passa sa première jeunesse, éloignée de ses parents : Guy, son père, était prisonnier d'Hugues III, duc de Bourgogne (MOREAU, tome XVI, p. 520). Sa mère, avant son mariage avec Guy, était veuve d'Eudes III, seigneur d'Issoudun. Philippe-Auguste, en lutte constante avec les Albigeois et le comte de Toulouse, avec les Juifs et d'autres ennemis de l'Etat, négligeait ses devoirs de tuteur. Pendant ce temps, un chevalier du nom de Regnault, seigneur d'Alluyes, avait gagné le cœur de la comtesse de Nevers, d'Auxerre et de Tonnerre : une fille était née de cette union passagère. Elle reçut en naissant le nom d'Agnone de Nevers. Philippe-Auguste imposa à Agnès un mariage avec Pierre de Courtenay, petit-fils de Louis le Gros, roi de France. La volonté du roi, la fortune d'Agnès, qui était alors la plus riche héritière du royaume, eurent raison des hésitations de Pierre de Courtenay.....

De cette union naquit une fille légitime : MAHAUT. La comtesse Agnès était morte en 1192, après huit ans de mariage. (MORÉRI en fait par erreur une impératrice de Constantinople). — Pierre de Courtenay épousa en secondes noces Iolande de Flandre, sœur de Baudoin IX, beau-frère de Philippe-Auguste, et conserva l'administration des comtés comme tuteur de Mahaut, de 1192 à 1199.

Baudoin IX fut proclamé empereur de Constantinople, après le renversement de l'Empire Grec, et la fondation d'un Empire Latin à la suite de la croisade de 1202, prêchée par Foulques, curé de Neuilly. — Baudoin eut pour successeur son frère Henri. — En 1217, à la mort de ce dernier, le roi de Hongrie ayant refusé ce trône mal affermi, Pierre de Courtenay se hâta d'accepter la couronne impériale qu'on vint lui offrir au château de Druyes, près Auxerre. Attiré par le prince d'Epire, le grec Comnène, Pierre mourut en 1217 empoisonné dans un festin. L'Empire Latin cessa d'exister en 1267.

Audroin de Brienne, épousa Agnone de Nevers, fille d'Agnès de Nevers et de Regnault d'Alluyes.

De cette union naquirent trois fils :

1° GUILLAUME, chanoine de Sens ;
2° ANCEL, seigneur de Trainel ;
3° ERARD.

Mahaut, comtesse de Nevers, fille légitime d'Agnès et de Pierre de Courtenay, n'oublia pas sa sœur naturelle. Mahaut ayant eu une fille du nom d'Agnès, Agnone resta dans la maison de la comtesse de Nevers tout le temps de l'éducation d'Agnès à laquelle elle se voua. Mahaut donna à Agnone la terre de la Guépière, près de Cosne, tandis que d'autres biens devaient lui appartenir par testament.

A la mort de Regnault d'Alluyes et d'Audroin de Brienne, les fiefs d'Alluyes et de Chevagny passèrent aux comtes de Nevers. — Les petits-fils de Regnault et de la comtesse Agnès de Nevers renoncèrent à *l'échoite*, qui leur revenait de la succession de leur grand-père et de leur père ; ils ne répudièrent pas la succession d'Agnone, leur mère.

Ils passèrent avec le comte de Nevers et Mahaut, sa femme (qui, veuve d'Hervé de Donzy, se remaria avec Guy, comte de Forez), divers actes de paix, et leurs concessions mutuelles sont enregistrées dans l'*Inventaire de Marolles*. — Ils se taisaient, mais se souvenaient, et prirent le nom de Nevers, ne pouvant prendre celui de Brienne.

En ce temps-là, le fruit ensuivait le ventre et la condition d'icelui, quand les enfants renonçaient à la succession de leur père.

Col. 262. — **1198.** — *Vidimus.* — En date de 125, par frère Arnaud, prieur de l'église de Saint-Saturnin, des lettres d'Hervé de Donzy, en date de 1198, Philippe étant roi de France, par lesquelles il met en franchise tous les hommes qu'il avait à Cosne, lesquels étaient fiefs de Giry, excepté ceux des Barres, et les hommes de l'évêque d'Auxerre, lesquels doivent des pieux et autres choses nécessaires pour la clôture de Cosne, à la charge que tous ceux qu'il a remis en franchise donneront à lui et à ses successeurs 5 sols, réduisant à cette somme les amendes qui étaient auparavant de 60 sols, et réduisant à cette somme celles qui étaient de 5 sols à douze deniers.

Témoins : Hugues, sieur de Saint-Vérain, Gauthier de Gondonville, Regnault d'Alluye (*alias* Aloya), Regnault de Varigny, Regnault d'Æqualis, Gui de Brienne, Regnault de Saint-Amand, Hugues Bastard et Godefroy Malemain, chevaliers.

Col. 259. — **1202.** — Lettres de Regnault d'Alluye (*alias* Aloya), témoignant qu'Effredus de Vone (de Vona) donne à Dieu et à l'église Notre-Dame de Roches 30 sols de rente annuelle à prendre sur le four d'Antrain, qui est mouvant au fief dudit Regnault; cette donation faite pour l'entretien de la lampe dans l'église durant le jour et la nuit, et pour faire son anniversaire; le tout du consentement d'Aremburge, femme dudit Effredus, et de tous ses enfants; le titre scellé du sceau de Regnault, seigneur d'Alluye, où il est représenté à cheval, et de l'autre côté on voit la figure d'un oiseau de proie.

Col. 262. — **1222, août.** — Lettres d'Agnès, fille d'Hervé, comte de Nevers, et femme de Guy de Châtillon, fils aîné du comte de Saint-Paul, approuvant la donation ci-dessus.

Col. 224. — **1222.** — Lettres de Guy de Châtillon, fils aîné du comte de Saint-Paul, par laquelle il approuve la donation faite par Mahaut, comtesse de Nevers, de certains bois, appelés la Guespière, proche de Cosne, à certaine dame nommée Dagnone qui était de la maison de sa femme.

Col. 278. — **1231, août.** — Lettres d'Anselme de Triangulo et d'Erard son frère, portant accord entre eux, d'une part, et Gui, comte de Nevers et de Forez, et Mahaut, comtesse de Forez, d'autre part, touchant la succession de feu Regnault de Nevers et de feu Audroin de Brienne, en sorte qu'ils quittèrent toute la dite succession aux comte et comtesse, excepté la terre dont jouissait leur mère et d'autres successions à venir. Ces lettres scellées de deux sceaux desquels le premier est rompu, et le second porte la figure d'un chevalier tenant son bouclier, où se voit un écusson portant « deux fasces et un lambel de cinq pièces en chef. »

Le sceau d'Erard de Nevers a disparu dans l'incendie allumé en 1793.

Col. 9. — **1231, août.** — Anselme de Triangulo (Trainel) et Erard, son frère, s'accordent avec Guy, comte de Nevers et de Forez, et Mahaut, sa femme, des héritages et *escheutes* de deffunts Regnault de Nevers et Audroin de Brienne, et les dits Anselme et Erard promettent, à peine de perdre tout le bien qu'ils possèdent en Nivernais, de faire ratifier et agréer cet accord à Guillaume de Triangulo, leur frère, chanoine de Sens. Le titre scellé de deux sceaux rompus, où apparaissent néanmoins les figures de deux hommes à cheval. (On appelait *escheutes* ou mieux *eschoites*, la première succession collatérale dévolue à l'aîné de la famille après la mort du père).

Col. 518. — **1229.** — Anselme, seigneur de Trainel, et Erard, son frère, tiennent quitte Gui, comte de Nevers, et Mahaut, son épouse, d'une somme de 800 livres qu'ils leur devaient « pour paix » faite entre eux à cause de l'escheute de feu Regnault de Nevers et de feu André de Brienne.

Col. 484. — **1223.** — Lettres latines de Guillaume, comte de Vienne et de Mâcon, desquelles il appert que S. de Beaujeu, son vassal, tient de la comtesse de Nevers Alluye et Chevagny.

Hervé de Donzy, comte de Nevers est désigné, dans la *Généalogie des comtes de Nevers*, par Monseigneur Crosnier, comme seigneur de Cosne et de Châtel-Censoir, d'Alluye, de Basoche, dans le Petit-Perche, etc., etc.

Col. 148. — **1346.** — Hommage au comte de Nevers. — Pernet de Libougaye de Montreuillon, au nom de Regnaulde, sa femme, et de Mahaut et d'Agnès, ses brus, pour la maison d'Onlay. (Ainsi, un siècle avant 1480, date de l'alliance de Guillaume Bourgoing avec Regnaulde de Nevers, Pernet de Libougaye s'alliait aux Nevers).

Audroin de Brienne (dit de Ramerupt, avant la mort de son père), eut plusieurs femmes : d'Agnone de Nevers, qu'il n'épousa pas légitimement, il eut comme nous l'avons déjà dit, Guillaume, Anselme et Erard. S'étant marié légitimement en 1174 avec Aolide, dame de Venizy, il en eut Erard Ier, comte de Brienne.

Erard Ier protégea ses frères naturels de Nevers :

1° Guillaume devint chanoine de Sens, malgré les principes du droit public français, qui excluait les bâtards des ordres sacrés. — Peut-être des lettres de légitimation lui furent-elles envoyées? L'histoire fourmille d'exemples dans lesquels le prince, qui avait droit de légitimation, sans autre forme que sa volonté, légitimait par lettres le fils naturel d'un personnage.

Gauthier II de Brienne, oncle d'Erard Ier, était alors archevêque de la ville de Sens. (Voir le *Comté de Ramerupt*, par M. d'Arbois de Jubainville);

2° Anselme de Nevers eut un arrière-petit-fils, Gilliot de Nevers, homme d'armes, en 1278, de Charles d'Anjou, roi de Naples; Hugues de Brienne étant maître d'hôtel de la maison du Roi. (Voir *Registres angevins*, par M. le comte Paul Durrieu). Hugues fut le père du duc d'Athènes, comte de Lecce;

3° Erard de Nevers fit souche en Nivernais et laissa à ses descendants la terre et les bois de la Guépière, qu'ils exploitèrent eux-mêmes.

En 1357, les Bourgoing reconnurent tenir en fief des terres du prince d'Athènes, comte de Brène et de Liche, seigneur de Château-Chinon. (Voir le dénombrement au *Cartulaire*, p. 6). Les comtes de Brienne ont été passés sous silence par les auteurs de l'*Art de vérifier les dates*. On s'est occupé d'eux tout à fait sommairement dans l'*Histoire généalogique de la Maison de France*. Un petit nombre d'entre eux sont cités dans l'*Histoire des ducs d'Athènes et des comtes de Lecce*. On peut donc dire que la maison de Brienne attend encore son historien. Le futur auteur de ce travail consultera le recueil contenu dans la bibliothèque de l'Ecole des Chartes. [D'Arbois de Jubainville, XXXIII, année 1872, Paris, Picard, libraire, 1re et 2e livraisons]. — Les Brienne représentent la plus grande famille de la féodalité française. Ses membres sont empereurs de Constantinople, rois de Jérusalem, ducs, princes, comtes, etc., épousent des princesses d'Arménie, des filles des Lusignan, des Bérengère de Castille, etc.; ils incarnent le moyen-âge, avec ses vertus et ses vices, ses victoires et ses défaites, ses magnanimités et ses cruautés; se font condottières du Pape, servant les passions de la théocratie ambitieuse et militante qui, depuis Grégoire VII, cherchait à asservir le monde. On retrouve chez tous les Brienne les instincts de la race, les appétits débridés du barbare, la violence aveugle et irrésistible de l'homme qui passe sa vie à tuer, l'orgueil surexcité du chef de bandes, la rapacité, la ruse, l'immoralité

TOUR DU CHATEAU DE FAULIN

CHATEAU DE FAULIN

de l'aventurier. Plusieurs moururent d'une mort héroïque, ce qui les grandit et leur fit pardonner leurs méfaits. — Gauthier IV, comte de Joppé, surnommé *le Pirate des déserts Syriens*, devint un martyr. Sommé de décider par ses paroles les habitants de Joppé à se rendre au Soudar d'Egypte, dont il était le prisonnier, il n'usa de sa liberté que pour exhorter les chrétiens à la résistance. Les Sarrasins l'attachèrent alors à une fourche en vue des murailles de Joppé et il mourut dans les tortures à son retour au Caire. (Extrait du livre de M. le comte DE SASSENAY, sur les Brienne de Lecce).

RÉSIDENCES DE LA FAMILLE

CHATEAU DE CHAMPLÉVRIER

Champlévrier, paroisse de Chiddes, à 9 kilomètres de Luzy, était mouvant du comte de La Roche, seigneurie la plus importante de la contrée.

Vieux castel féodal, flanqué de deux ailes et bâti dans une gorge, il était autrefois le siège d'une seigneurie en toute justice avec fief et arrière-fief.

Des titres anciens établissent que les manants de sa dépendance étaient tenus au guet et garde autour de ce château en temps de guerre et d'imminent péril, mais non à battre l'eau des fossés pour empêcher le croassement des grenouilles, ainsi que le raconte « l'*Album du Nivernais*, » d'après un opuscule plaisant plutôt qu'historique.

Il y a environ un demi-siècle, les ruines du château de Champlévrier avaient fait place à une grande maison à un étage, qualifiée quand même du nom de château.

Cette maison, située dans une vallée, était égayée par la vue d'un étang peuplé de cygnes. Les jardins étaient bien entretenus et bien fleuris. Sur le côté nord se trouvaient les écuries et remises. La famille de Hiroux de Saint-Félix était alors propriétaire de Champlévrier.

Après la mort du dernier des membres de cette famille, M. de La Fitte, comte de Pelleport, a acquis et possède encore aujourd'hui cette propriété.

CHATEAU DE FAULIN

L'orthographe la plus ancienne du nom du château de Faulin, dans le Donziois est Foléen. (Voir PAILLER, *Histoire de Châtel-Censoir*, XXXIV. — *Inventaire des Archives de l'Yonne*, 1re partie, p. 156.)

Le Père Anselme (A. S., p. 586) et les armoriaux modernes, à son exemple, indiquent Faulin.

L'*Armorial du Riepstad* donne les variantes Faulin ou Folin, ainsi que les actes contenus dans nos archives.

C'est l'orthographe Faulin qui a été adoptée dans les cartes géographiques modernes et que nous adoptons dans cette histoire généalogique.

Il y a aussi un autre Faulin ou Follin (*Table-fiefs de l'ancien duché de Nevers*, p. 820. — *Inventaire de Marolles*), situé dans la commune de Saint-Léger-de-Fougeret.

En 1277, Jean de Blausse, chevalier, seigneur d'Ussel, canton de Geugnon (Saône-et-Loire), fait vœu pour sa maison de Faulin, commune de Saint-Léger-de-Foucheret, canton de Moulins-Engilbert (Nièvre).

Un troisième château Follin existerait ou aurait existé dans Saône-et-Loire, dans les environs de Bourbon-Lancy. M. le comte de Coligny nous a dit en avoir visité les ruines en 1875.

La famille des marquis de Faulin, près de Châtel-Censoir, est tout autre que celle dont parlent M. le comte de Coligny et MM. Henri de Beaune, ancien procureur général à Dijon, et d'Arbaumont, dans leur livre « *La Noblesse aux États de Bourgogne*, pages 88 et suivantes. » C'est à la famille Didier qu'appartient Alexandre-Bénigne Didier, marquis de Follin (Saône-et-Loire), chevalier de Malte et de Saint-Louis qui épousa, le 4 novembre 1782, à Bourbon-Lancy, Louise-Laurence de Montmorillon, chanoinesse d'Epinal.

La similitude de noms de Follin et du titre de marquis est seule cause de l'erreur dans laquelle sont tombés MM. de Beaune et d'Arbaumont (p. 136.)

M. le marquis de Follin et M^mo la marquise de Follin, née de Montmorillon, sont sans doute les aïeux de M. le marquis de Follin, connu de nos jours par ses recherches dans les profondeurs de la mer, dans le golfe de Gascogne.

M. le marquis de Follin a accompagné, en 1880, MM. Milne-Edward Tailland, Perrier, Marion Sabatier et Filhol, professeurs au Muséum, dans leur premier voyage d'exploration à bord du *Travailleur*.

Les armoiries des deux marquis de Follin (ou Faulin), reproduites dans le livre : *La Noblesse aux Etats de Bourgogne*, sont différentes l'une de l'autre. Aussi il ne sera pas nécessaire (si elles existaient en France), de recourir aux règles publiquement reconnues en Angleterre, pour la prise de possession des noms et titres « The rule of Peerage), » fil conducteur qui rétablit la filiation d'une race portant des noms ou des titres différents ou semblables.

Une délibération du 23 septembre 1757, de quatre commissaires nommés à l'assemblée des Etats de 1755, avait chargé M. de Brosses, comte de Tournay, un de ses membres, de dresser la liste des gentilshommes qui avaient eu séance aux Etats de Bourgogne depuis les temps les plus reculés, et de faire dessiner leurs armoiries.

Le sieur Durand, graveur à Dijon exécuta, moyennant six mille livres, quatre cents exemplaires in-folio de l'armorial dressé par le comte de Tournay.

Les planches en cuivre des blasons gravés par Durand, œuvre d'Auguste Saint-Aubin, furent déposées au palais des Etats. C'est là qu'en 1793, les patriotes, pour en faire quelque argent, volèrent les planches des blasons.

M. Perrenny de Grosbois, ancien premier Président de Besançon, les a rachetées à un fripier auquel on les avait vendues.

Les armoiries des Bourgoing, marquis de Faulin, y sont reproduites, ainsi que les armoiries du Président Ternaut de Folin, originaire de Saulx-le-Duc.

Les premières : D'argent, à trois tourteaux de gueules, avec la devise « Deo conscientie et honori. »

Les secondes : De gueules, au hêtre d'or, et en pointe, un croissant d'argent; devise : « Folium ejus nunquam defluet. »

Ces deux familles sont donc complètement étrangères l'une à l'autre.

Le livre de MM. de Beaune et d'Arbaumont donne, du reste, une notice sur cette dernière famille, originaire de Saulx-le-Duc. En 1503 et en 1547, Jean Folin et noble Nicolas Folin, sont receveurs de châtellenie. Leur descendance a fourni deux conseillers au Parlement de Dijon en 1573 et en 1615. Un secrétaire du Roi en 1638; deux présidents à la Chambre des comptes de Dôle, et, au siècle dernier, deux chevaliers de Malte, l'un commandeur et grand chambellan du Grand-Maître, et plusieurs militaires. Cette famille n'est pas d'origine féodale; le volume III, p. 543 de l'*Inventaire de Dijon,* contient une lettre d'union de plusieurs terres en une seule, érigée sous le nom de marquisat de Folin, en faveur de Nicolas Folin, président de la Chambre des comptes du comté de Bourgogne et ses enfants en 1717. Le volume XI, p. 772, du même inventaire, contient une reprise de fief du 18 mai 1775, de la seigneurie de Vignaud, près de Bourbon-Lancy, en ce qui est du fief noble, par Jean-Baptiste-Théodore, marquis de Folin, en qualité de mari de Marguerite de Chalemont, son épouse, à laquelle la dite terre a été constituée en dot en leur contrat de mariage, reçu par Me Mathieu, notaire à Dijon, le 23 septembre 1736, pour dame Odette Morelot, veuve de Bonaventure de Chalemont, seigneur de Vignaud et autres lieux.

MM. de Beaune et d'Arbaumont ont connu tous ces documents, mais ont attribué aux Bourgoing, marquis de Faulin (Yonne) une alliance avec les Saladin de Montmorillon, qui doit être portée au compte de la famille Vignaud de Folin, près Bourbon-Lancy.

La longue possession du château de Faulin, l'illustration que lui donnèrent ses chevaliers, l'importance de cette terre, son érection en marquisat, contribuèrent, dans l'usage, à faire désigner du nom de ce fief cette branche de la maison de Bourgoing.

EXTRAIT DES VILLES ET CAMPAGNES DE L'YONNE, PAR VICTOR PETIT

Faulin, hameau de la commune de Lichères, près de Châtel-Censoir, canton de Vézelay, arrondissement d'Avallon (Yonne), possédait, au XIIIe siècle, un ancien château fort on ne peut plus pittoresque. Bâti sur le penchant d'une colline, dont le versant rapide est couvert de bois, il est à peu de distance de la rive droite de l'Yonne et de Lucy.

Le caractère de la construction rappelle la fin du XVe siècle, et même pour quelques parties, la fin du XIIIe. Une longue et large avenue aboutit en ligne directe à une grande poterne à pont-levis. Une enceinte flanquée de tours et bordée d'un large fossé, renferme, vers l'un des angles, le château proprement dit.

Celui-ci, isolé de toutes parts, se compose d'un corps de logis défendu par deux grosses tours rondes et une troisième tourelle, plus ornée, renfermant l'escalier. De l'avant-cour ou ancien bailé (1) on pénétrait dans la cour même du château. Celle-ci, à peu près carrée, était défendue notamment par une haute tour d'angle de forme carrée. Une autre tour ronde ayant conservé tous ses moyens de défense, protégeait une petite poterne aujourd'hui murée, et à laquelle on arrivait à l'aide d'un pont mobile. Le château de Faulin est un charmant petit manoir dont on aime à étudier les fines moulures qui encadrent de belles et grandes fenêtres divisées par leurs croisées de pierre. Plusieurs de ces fenêtres ont conservé les barreaux de fer extérieurs qui se terminent par une tige de fleur de lis naturelle habilement imitée.

On remarque dans l'intérieur des salles, de vastes cheminées en pierre, d'un beau caractère de ciselure, la vis de l'escalier et enfin, à l'intérieur, une chapelle située dans l'une des deux grosses tours.

La voûte de cette chapelle, soutenue par des nervures finement profilées et dorées, est encore recouverte d'une couleur bleu d'azur, relevée d'étoiles d'or. On croit que le château actuel, qui appartint, jusqu'en 1895, à la veuve du marquis de Mac-Mahon, est bâti sur l'emplacement d'une très ancienne forteresse dont il est fait mention dans le XIIIe siècle.

Le château est habité par le régisseur. Le plan qu'en donne M. Victor Petit, montre la disposition des bâtiments et une vue d'ensemble prise d'un côté de l'arrivée, c'est-à-dire du côté de la longue et large avenue aboutissant en ligne droite à une grande poterne à pont-levis.

A la porte du château de Faulin, en dehors de l'enceinte on voit, très bien conservé, un énorme colombier.

---

(1) Lieu spécial, nommé basse-cour, réservé aux serfs, vilains et tenanciers du château, dans lequel ceux-ci venaient se réfugier, munis d'armes, de piques, etc., avec leur bétail et ce qu'ils avaient de plus précieux au moment des incursions fréquentes des compagnies, des bandes de pillards, d'écorcheurs et autres ennemis.

Sur le seul territoire de Châtel-Censoir, on en compte encore au moins sept existants. (1)

Le droit d'avoir un colombier sur pied était tenu très anciennement comme un privilège attaché à la possession du fief et constituait un droit tout à la fois honorifique et utile, réservé au seigneur, haut justicier ayant censive.

Le châtelain était très jaloux de ce droit. Après son cheval de guerre, ses chiens de chasse, il était « fol » de ses pigeons.

Pouvait-il oublier que ces frêles animaux rentraient dans la ville assiégée avec les messages qu'on leur avait confiés, apportant l'espoir, ranimant le courage, annonçant l'arrivée d'une armée de secours, la défaite des ennemis, la victoire.....

Il semble que le soin d'élever ces volatiles, jouissant d'aussi belles prérogatives, a été réservé à l'autorité du seigneur justicier. Ce seigneur, dans la coutume de Paris, du Nivernais, de Bourgogne, de Lorraine, de Bar, de Châteauneuf, avait seul le droit d'avoir un colombier sur pied.

(Le droit commun de colombier était seulement appliqué en Languedoc, qui était un pays de franchise).

Les droits de justice, haute, moyenne et basse, furent reconnus plusieurs fois aux aînés de la famille de Faulin par les comtes de Nevers. (Voir aux *Pièces à l'appui, Chartes*, etc).

CHATEAU DE GRÉSIGNY

Beauvillers, village du canton de Quarré-les-Tombes, a dans son territoire le hameau de Grésigny. Les châteaux de Grésigny et de Railly, distants l'un de l'autre de 9 kilomètres seulement, présentent chacun dans leur état actuel un contraste fort curieux.

Grésigny est resté enclos de murs de toutes parts, Railly a vu disparaître, depuis quelques années déjà, les clôtures de ses barrières.

A Railly, l'apparence satisfaisante de la sécurité publique. A Grésigny, au contraire, l'exemple des exigences d'une époque de défiance, où chacun ne pouvait et ne devait compter que sur soi-même pour être défendu et protégé.

Le château de Grésigny, dont on ignore l'époque de construction primitive, a été rebâti entièrement vers la fin du XVII⁰ siècle et restauré durant le siècle suivant. Il forme un corps de logis isolé vers le milieu d'une cour bordée de bâtiments de service ou dépendances agricoles. Ses murs de clôture ont conservé leurs moyens de défense, c'est-à-dire des meurtrières permettant de repousser un coup de main. (Voir le dessin, p. 190, du livre de M. Victor PETIT : *Description des villes et campagnes de l'Yonne*, 1890).

La façade principale est tournée du côté du Nord et est assez régulière. L'ameublement ancien a été conservé. Dans l'*Inventaire des archives d'Avallon*, une déclaration de terrier de 1406 établit que Guiot Bourgoing de Faulin était seigneur de Grésigny. Le château appartient aujourd'hui à Mᵐᵉ la comtesse d'Erceville, née Pinon, nièce et héritière de M. Pierre Morot de Grésigny, aux ancêtres duquel il fut vendu en 1570 par Gabriel Bourgoing.

---

(1) L'usage auquel on employait les pigeons les rendit dignes d'être mis à un très haut prix. On s'en servait pour porter les nouvelles publiques au travers des armées et malgré la difficulté des chemins. Brutus se trouvant assiégé dans Modène par Antoine et ne pouvant envoyer de ses nouvelles aux consuls de Rome, s'avisa de lancer en l'air des colombes aux pieds desquelles il avait attaché des lettres qui furent portées en toute sûreté. *(Cœlium trahit mintio)*.

« Que servait alors à Antoine, dit élégamment Pline, de voir Brutus enclos avec des tranchées, cerné de gardes qui ne dormaient jamais, et bridé de chaînes qui arrêtaient le cours des fleuves, s'il avait des postes en l'air. »

CHATEAU DE RAILLY

Le château de Railly (hameau de Saint-Germain-des-Champs), situé sur la pente d'une haute colline formant le versant de droite de la vallée de la Cure (rivière), était un fief de la mouvance du comte de Chastellux. Ce château se composait de deux corps de logis flanqués de quatre tours et d'une petite tour, ou donjon, fermée de murailles, avec aisances, cour et jardin.

Le manoir de Railly, bâti ou rebâti à la fin du XIIe siècle (car il est fait mention de la terre de Railly dès l'an 1280), a été reconstruit presque en entier vers 1860.

CHATEAU DE COULANGES-SUR-YONNE

Du vieux château de Coulanges, construit au XIIIe siècle, il ne reste que quelques pans de murailles et une vieille tour aux trois quarts ruinée.

Le tout ne mérite aucune description. La famille de Faulin possédait, à Coulanges, une maison seigneuriale qui n'avait que l'apparence d'une riche maison bourgeoise, et le fief des Grands-Vergers, qui était une sorte d'enclos.

LUCY-SUR-YONNE

Village situé à une lieue de Coulanges et à un kilomètre de Faulin.

La famille de Faulin y avait des redevances et des terres, mais il n'y existe aucune trace de château.

Les maisons canoniales de la ville d'Auxerre et les châteaux des environs subirent de grands dommages pendant l'occupation de l'Auxerrois par les Huguenots (1567 à 1568). Les marchés des travaux de reconstruction sont relevés dans le *Bulletin de l'Yonne*, 1899, 53e vol. — L'abbaye de Châtel-Censoir et Faulin furent restaurés après cette époque. Des descendants de Jean Fruquet sont mentionnés dans ces marchés, comme architectes, sculpteurs, etc.

RÉSIDENCES D'AUXERRE

Les résidences à Auxerre sont indiquées dans les censiers ci-après :

Censier de Saint-Eusèbe d'Auxerre, de 1527. (*Archives départementales de l'Yonne*, H, 1355). — « Doit Marchand, pour un arpent tenant d'un long aux hoirs Guillaume Bourgoing et Regnaulde de Nevers. — Pierre Béguin, tuteur-curateur de Jehan Bourgoing, pour deux denrés de vigne qu'il a assis au finage et lieu de Gratery, etc., ledit Jehan, enfant mineur d'années de feu Colas Bourgoing : 11 deniers tournois. »
(Ce registre est tenu à main courante.)

27 août 1527. — « Pierre Bourgoing a confessé tenir en censive un arpent au finage de Beauvoir..... : 6 deniers tournois.

» 1° Rue du Temple..... Jehan Bourgoing, pour une maison et cour située en la rue du Temple, tenant..... par devant à la rue..... : 5 deniers tournois ;

» 2° Jehan Bourgoing, pour quatre denrés de vigne au Gratry : 4 deniers tournois;

» 3° Une place au clos Saint-Eusèbe. — Pierre Bourgoing et Jehan Gervais, 5 toises dudit clos, devers la maison desdits Bourgoing et Gervais, chargé de 19 sols 2 deniers tournois de rente et 2 deniers de censive par bail du 15 février 1523. »

Censive de 1561, de la paroisse Saint-Eusèbe. — « Jehan Bourgoing et ses enfants, pour une maison assise rue du Grand-Temple..... par derrière au cimetière Saint-Eusèbe : 2 deniers. »

Censive de 1562. — « Les hoirs et héritiers Jehan Bourgoing : 2 deniers. »

Les camps et les villes assiégées furent maintes fois leur domicile :

« Montre d'armes de 650 francs-archers d'Anjou et du Maine, capitaine messire Jean de Lespine, chevalier. » (Au camp, devant la cité de l'Olne [Perpignan], en Roussillon, 28 novembre 1474).

« ..... Jean Bourgoing, Jean de Bourges, Jean de Chinon, Brocart de Chatelux, de Galard, de Vissec, Bertrand de Caylus, Le Roy, de Solages, Imbert du Cailar, Assailli, Flameng, Godart, de Goulard, etc. » (*Manuscrits français*, 21498, p. 216, 228. — *Annuaire du C. H. de France*, 1896).

« Louis XI mobilisa ses francs-archers pour les envoyer, en 1474, au siège de Perpignan, dont les habitants se défendirent à outrance; ils finirent par manger les chats, les chiens, les rats. les cadavres mêmes des hommes. » (Laurentie, *Histoire de France*, édit. in-12, 381).

Le roi d'Aragon vint au secours de la ville, mais n'osa livrer bataille aux assiégeants, composés des francs-archers du Dauphiné, Poitou, Berry, etc. — La retraite du roi d'Aragon implique un éloge pour la ferme contenance de ces troupes. Louis XI leur avait donné des chefs aguerris.

Les francs-archers n'étaient pas recrutés exclusivement parmi les taillables, c'est-à-dire dans la bourgeoisie et le peuple, les nobles étaient admis dans leurs rangs. Ces derniers, ruinés par la guerre contre les Anglais, réduits souvent à la gêne, ayant l'habitude et le goût des armes, recherchaient un enrôlement qui leur assurait une solde et les moyens de demeurer hommes de guerre. C'est ainsi que dans les montres d'armes de cette époque, se rencontrent beaucoup de noms d'une très ancienne noblesse.

Cette milice, ainsi composée, se distingua aux sièges et batailles qui eurent pour épilogue la reprise de la Basse-Normandie et de la Guyenne. Elle avait aidé Charles VII à couronner l'œuvre de libération du territoire. C'est à ce roi que remonte, en effet, la première organisation des francs-archers, ordonnée par l'édit du 28 avril 1448. Les loisirs de la paix affaiblirent cette milice, qui fut culbutée par l'infanterie de Maximilien d'Autriche, époux de l'héritière des ducs de Bourgogne, à la journée de Guinegatte, 7 août 1479.

Chez eux, point de réunions en armes, point d'exercices, point d'émulation; cette milice devint une sorte de garde nationale qui finit par être supprimée, comme on a supprimé celle de nos jours.

On revit encore, en 1480, les francs-archers d'Auxerre et d'Avallon accourir à la défense de Dijon, menacée par les Suisses et les Autrichiens. — Un tableau, au musée de Dijon, les représente sur les murs de la ville, dans leur costume. Louis XI les abolit.

En 1698, époque de la vérification des titres, les races des Nevers et des Brienne étaient éteintes. Le cardinal de Mazarin, en 1659, avait acheté à Charles de Gonzague le duché de Nevers, érigé en duché-pairie en 1537, pour François de Clèves.

En 1661, le duc de Nevers était un Mazarini-Mancini.

Le dernier de ces Mancini, duc de Nevers, avait vu son duché et son titre supprimés par la Révolution de 1793, et était mort en 1798. (Voir *Généalogie des Nevers*, par Monseigneur CROSNIER).

Le dernier des Brienne, Gauthier VI, qui ne fut jamais duc d'Athènes que de nom, et de Lecce, était mort dans le milieu du XIVᵉ siècle. (Voir MORERI. — Voir *Les Brienne*, par M. le comte DE SASSENAY, bibliothèque de l'Ecole des Chartes, XXXIII, année 1872). Au XVIIᵉ siècle, les Loménie avaient additionné leur nom de celui de Brienne, par suite d'une alliance avec Louise de Béon, fille de Bernard et de Louise de Luxembourg-Brienne.

Louis XIV avait donné le titre de comte de Brienne à Louis-Henri de Loménie, son secrétaire d'Etat, qui fit construire le château de Brienne, de Bar-sur-Aube, près de Troyes en Champagne. La beauté des jardins de ce château répondait à l'élégance des bâtiments. Le ministre de Louis XIV, poète, diplomate, collectionneur, mourut fou en 1698. Il avait donné des bénéfices à tous les siens.

Etienne-Charles de Loménie de Brienne, son frère, fut évêque de Coutances, abbé de Saint-Eloi, de Noyon, de Saint-Cyprien de Poitiers et de Saint-Germain d'Auxerre.

L'abbé de Saint-Germain était seigneur de la rivière d'Yonne depuis le pertuis de la Chaîne jusqu'à Monéteau. Le service du coche d'eau, d'Auxerre à Paris, fut établi en monopole en 1622, par lettres patentes en faveur du sieur Charles Loménie, conseiller du Roi. Le départ avait lieu une fois par semaine. Ce monopole dura jusqu'en 1798. (Voir QUANTIN, *Histoire anecdotique d'Auxerre.* — Voir publication de M. BARRIÈRE, des *Mémoires d'Henri de Loménie*, 1828. — Voir *Description de la collection des objets d'art dont se défit Henri de Loménie, avant de se retirer à l'Oratoire*, Paris, 1662, Pierre Le Petit, in-8°). Cette édition a été réimprimée à Paris, 1854, par Giraudet et Jouhannet).

Les noms de Nevers et de Brienne ne sont plus portés par aucune famille.

RÉSIDENCES DANS LE LANGUEDOC

Le marquis de La Fare, lieutenant pour le Roi dans la province du Languedoc, commandant en chef des armées, habitait, avec sa maison militaire, à Montpellier, l'hôtel dans lequel la ville offrit l'hospitalité, à des époques successives, à Charles IX, à Louis XIII, à Louis XIV, à Richelieu et à Mazarin. Au fond du porche de cette demeure, réédifiée aujourd'hui, on lisait ces mots, gravés sur le marbre : « *Domus inclyta regum.* » L'hôtel particulier de la maison de La Fare était situé au faubourg Boutonnet, où les Bourgoing possédaient une maison et parc qui restèrent dans la famille jusqu'en 1881, et qui furent vendus pour l'établissement du petit lycée. Mᵐᵉ la marquise de La Fare habitait le château de Mirabel, paroisse de Pompignan, situé à trente kilomètres de Montpellier. On s'y rendait à travers les routes de plusieurs forêts peuplées de cerfs et de sangliers. Ces forêts, aménagées depuis deux siècles en bois-taillis, donnent aujourd'hui un aspect désolé à cette contrée, et l'on ne peut croire que la chasse à courre y fut facile et fructueuse.

Etienne Bourgoing, écuyer, possédait à Pompignan les immeubles que son grand-père, le bailli de cette localité, lui avait laissé par testament. Sa sœur Marie y habitait le château de Ceyrac, ancienne seigneurie de M. de Mirabel. — M. le marquis de La Fare, en sa qualité de gouverneur du fort de Brescou, du port et de la ville d'Agde, avait une résidence dans cette ville, située entre la mer et l'étang de Thau. La garnison était composée de soldats de marine. Les officiers, au nombre desquels nous avons retenu le nom de Dardaillac, seigneur de Laignac, étaient habituellement reçus au château de Mirabel.

Montpellier, Narbonne, Auriac-en-Lauraguais, Toulouse, ont été autant de résidences de plusieurs membres de la famille, que leur profession ou des alliances avaient attirés dans ces villes du Languedoc. — La race tend aujourd'hui à se rapprocher de son pays d'origine, le Nivernais. Des alliances ont eu lieu avec les Grésigny, du Morvan, les Grilhaud des Fontaines, de Sens, les Tinseau. Jean-Baptiste de Tinseau (1759-1760), évêque de Nevers; son neveu, Léon de Tinseau, grand-père de Mme Henry Bourgoing, général du génie, vint prendre sa retraite à Montpellier.

L'abbaye de Cross, construite au Xe siècle, dans un site remarquable, choisi par les Bénédictins, dans les Cévennes, relevée de ses ruines, en 1810, est la propriété de la famille Bourgoing. Approprié aux usages de l'habitation moderne, le monastère est le domicile. Les autres bâtiments servent à l'exploitation agricole. La chapelle, réparée, a été donnée à la commune, qui l'a érigée en église paroissiale.

ORDONNANCE DE LOUIS XIV, DE 1696, SUR LA REVISION DES TITRES ET LE PORT DES ARMOIRIES

Louis XIV avait révoqué l'édit de Nantes. Les Réformés s'étaient enfuis. Cinquante mille Français avaient quitté leur patrie, et cette population active avait porté à l'étranger ses talents, son industrie et ses richesses. Les Etats protestants, pour défendre leurs coreligionnaires, les Etats catholiques pour venger les injures qu'ils avaient subies, avaient formé une ligue contre la France. La guerre continuait et tenait quatre cent mille hommes sous les armes. Les caisses du Trésor devaient se remplir. Le Roi avait demandé des dons aux villes et au clergé, altéré les monnaies, doublé les impôts. Cela ne suffisant pas, le Roi exploita la vanité de ses sujets et en tira bénéfice en vendant 3.000 francs pièce les titres de noblesse.

L'édit de 1696 fut une loi de finances. La noblesse de race, soutien de la monarchie, était sacrifiée. Cette mesure fut commentée par la Doctrine. (BOUTARIC, *Traité des matières féodales*, Toulouse, MDCCXLV).

Louis XIV avait ainsi préparé, à son insu, l'ère philosophique et révolutionnaire du siècle suivant.

ARMORIAL DE LA GÉNÉRALITÉ DE BOURGOGNE

(Vol. Ier, p. 183. — Mention du 24 janvier 1698.)

« **Auxerre** (Néant). Personne n'ayant présenté ses armoiries. » Cette défection était cruelle, mais elle ne découragea pas le fisc. L'intendant de Bourgogne dressa, le 30 mai 1698, un rôle exécutoire contre les armoriés qui déclinaient l'honneur d'un enregistrement authentique. Les armoiries de Faulin furent taxées d'office. Jamais on n'avait taxé si haut la vanité et rencontré tant de modestie. (*Armorial historique de l'Yonne*, par M. DEY, Sens, Duchemin, imp. 1863).

Les Bourgoing sont aujourd'hui légion. Nos parents et nos amis ont donné à notre génération le nom de Nevers. L'addition légale de ce surnom est demandée aux Sceaux de France.

ABBAYE DE CROSS

ALLIANCES

ALIX BOURGOING, née D'ARCY

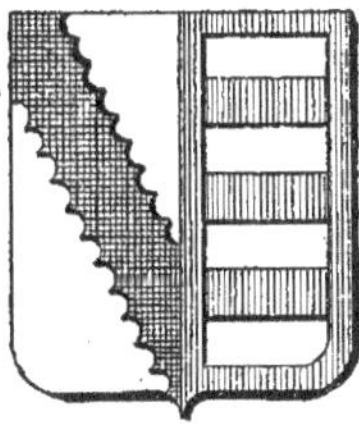

Parti d'argent, à la bande engrelée de sable ;
à la bordure de gueules et d'argent, à trois fasces de gueules.

Une famille, dont le chef portait presque toujours le nom de Jocelin, paraît être la branche aînée de la maison d'Arcy ; car c'est des Jocelin, d'Avallon, que relevaient plusieurs sires d'Arcy. (*Arch de l'ère féodale, époque ancienne*, p. 161. — *Avallon et l'Avallonnais*, par M. Ernest Petit.)

Jocelin I⁰ʳ, d'Avallon, eut pour père Eudes et pour mère Reine, lesquels possédaient plusieurs domaines près de ....., notamment la terre de Saint-Pierre qui fut inféodée à Améric d'Avallon, chevalier, et donnée plus tard pour la fondation du monastère de Fontenay.

Jocelin II, partant pour Jérusalem, donna à l'abbaye de Crisenon une rente qu'elle lui devait sur les moulins d'Arcy. Sa femme, Agnès, et son fils Jocelin, ratifièrent le don.

Jocelin III, chevalier, époux d'Anne, abandonna à l'église de Reigny, en 1160, tout ce qui lui appartenait à Magny.

Jocelin IV, d'Avallon, figure vers 1200 avec les sires de Mello, de Noyon de Seignelay, de Saint-Florentin, de Maligny, de Mont-Saint-Jean, de Rougemont, au nombre des chevaliers qui portèrent bannière sous les ordres du comte d'Auxerre.

C'était l'un des plus intimes confidents de Eudes III : il accompagna ce duc en 1198 et fut son témoin à Vincennes, par devant le roi Philippe-Auguste.

Ce seigneur donna à l'abbaye de Rigny tout droit de partage sur la terre d'Arcy.

En reconnaissance de ce don, les moines lui firent présent d'un cheval et de deux cents brebis.

Jocelin V, chevalier, fils de Jocelin IV et d'Agnès, était seigneur du Vaux en 1227 et ratifia la donation précédente. Les titres du Chapitre de Saint-Lazare, conservés aux *Archives de l'Yonne*, mentionnent l'obit de ce personnage, décédé en 1236. (*Cartulaire de l'Yonne* : libéralité des seigneurs d'Arcy envers les monastères.) (1)

Peste noire en 1248 à Avallon.

(1) (V. Saffroy, 65, Grande-Rue-les-Prés-Saint-Gervais, *Catalogue n° 24*, novembre 1897, généalogie avec armoiries, d'Arcy ou Darcy (Angleterre, France), 6 pag., 2 fr. — V. Paul de Varan, *La maison d'Arod,* branche de Montmelas Beaujolais), n° 14, de Varennes (alliés) à de Rancé, d'Arcy), etc.

D'ARCY

1145. — Donation par Jean d'Arcy à l'abbaye des Escharlis, en présence d'Améric de Montréal. (*Archives de l'Yonne*, fonds de l'abbaye des Escharlis, *Cartulaire de l'Yonne*, 11, 399.) Il y est dit que Jean d'Arcis devant partir pour Jérusalem donne à l'abbaye d'Escharlis et à l'église de Font-Saint-Jean tout ce qu'il a. Cette donation est approuvée par sa sœur Helixan et ses enfants.

1163. — Geoffroy d'Arci est témoin d'un ascensement fait à l'abbaye de Reigny. (*Gaufridum Arci pro* xx *libris.*)

1222. — Geoffroy, seigneur d'Arcy, fait serment que pour le fief du Vaul-Dolleny qu'il tient de la comtesse, il n'arrivera point de dommage à la duchesse de Bourgogne.

1237. — Guy d'Arcy, sire de Pisy, obtint la permission de prendre dans la forêt de Veausse ce qu'il lui fallait pour son chauffage et le bois nécessaire à la construction du château de Pisy, à la condition qu'il ne prendrait point de bois vert, sans en avertir le sire de Montréal. (*Archives de Dijon*, ix, 17.)

1277. — Gaucher reprend les fiefs que Thévenin d'Arcy tient du sire de Merry.

1284. — Hugues d'Arcy pour le val d'Olenay.

1293. — Hugues d'Arcy, évêque d'Autun, met son sceau à la renonciation d'Agnès de Montréal, dame de Villarmont, à la succession de son père et de son oncle. (*Trésor des chartes*, 254, n° 20. AL.)

1296. — Robert d'Arcy. — Jean d'Arcy.

1307. — Guyot d'Arcy, pour divers fiefs.

1309. — Hommage pour Arcy. Guy d'Arcy, écuyer, pour la garenne d'Arcy, à cause de Decize.

1311. — Hugues d'Arcy, évêque d'Autun, présent au codicile de la duchesse Béatrix de Bourgogne.

1314. — Parmi les noms des seigneurs qui entrèrent dans la ligue contre Philippe le Bel, on compte Erard d'Arcy, Jean de Digoine, sire d'Arcy, etc.

1314. — Guillaume d'Arcy. — Association de la noblesse de Bourgogne contre Philippe le Bel.

1322. — Agnès d'Arcy, veuve de Regnault de Chamenay, damoiseau, pour Chamenay. — Guyot d'Arcy pour la maison d'Arcy, hommages.

1323. — Hugues d'Arcy, abbé de l'église séculière de Châtel-Censoir, fait hommage pour un journal de terre situé à Lafosse.

1326. — Hugonin Bourgoing, seigneur de Calévrier, fait hommage à l'abbaye de Saint-Martin d'Autun, à cause d'Alix d'Arcy, sa femme, de tout ce qu'il possédait au fief de Vanberton et de Massé-le-Grand. Les archives du château de la Montagne (fonds d'Espeuilles) mentionnent un dénombrement de fief de Saleuf en la paroisse d'Augny, fourni en 1339 par Hugues le Bourgoing de Calévrier. En 1345, il fait hommage pour divers manoirs mouvant de lui en la paroisse de Maltat (Saône-et-Loire). Noms féodaux.

1327. — Hugues d'Arcy, damoiseau, gendre de feu Guillaume, dit Gibbon, fait hommage pour la ville de Pierresèche.

1327. — Guillaume d'Arcy, clerc, chanoine, fils de feu Jean d'Arcy, chevalier, fait hommage pour la maison d'Arcy.

1349. — Jean d'Arcy, écuyer, rend hommage pour Lye et la tour de Monts.

1350. — Jean d'Arcy, écuyer, sire de Lye, rend hommage pour la maison de Croisieux (Cryeux) et divers héritages à Cassaye.

1362. — Jean d'Arcy, l'aîné, fils de feu Hugues, rend hommage pour la moitié de certaines places au finage d'Aligny. — Jean d'Arcy, le jeune, fils de feu Perrin, même hommage.

1363. — Perrin d'Arcy, damoiseau, rend hommage pour la maison dite aux Bouelles, et d'autres héritages.

1367. — Perrin d'Arcy, fils de Guyot, damoiseau.

1369. — Jean d'Arcy rend hommage pour la dîme d'Entrains.

1374. — Jeannette, veuve de Perrin d'Arcy, rend hommage en son nom et au nom d'Isabeau et de Jean, ses enfants.

1377-1381. — Jeannin Bahis, écuyer, seigneur de Chevannes, rend hommage comme tuteur d'Isabeau et Jean d'Arcy.

1387. — Perrin Doussel, écuyer, rend hommage au nom de Philiberte d'Arcy, sa femme, pour la maison-fort de la ville de Lye.

1387-1406. — Duret-Petit-Renaut rend hommage au nom d'Isabeau d'Arcy, sa femme, et Jean, son beau-frère dont il est tuteur, pour la maison d'Arcy.

1405. — Hommages par Etienne d'Arcy, écuyer, pour certains héritages.

1406. — Jean du Pressoir rend hommage au nom de Marguerite, sa femme, fille de feu Jean d'Arcy, pour la Motte-ès-Abeille, à Aligny.

1414. — Damoiselle Philiberte d'Arcy, femme de Jean Druppeau, l'aîné, écuyer, demeurant à Varzy, vend à messire Guillaume Budin, curé d'Entrains, pour le prix de 40 l. t. et un écu d'or pour le couvre-chef de la venderesse, la moitié des terres du village d'Apies, portant par indivis avec les héritiers de messire Jean Blandin.

1414, 23 mai. — Nous, Claude de Beauvoir, vicomte d'Avallon, seigneur de Chastellux et du Mont-Saint-Jean, et nous Alipe de Beauvoir, femme de messire Pierre, seigneur de Ragny, chevalier, sans l'autorité de son mari, conviennent que lorsque bon leur semblera, ils mettront à néant la donation qu'ils se sont faite; témoin le seing manuel de nom Claude de Beauvoir et le scel de Jeanne de Germolle, mère du dit; en présence de messires Jehan de Quarroble, chevalier, de Jehan d'Arcy et Guyot Bourgoing, écuyer.

1460, 4 juin. — Jean Pescherin vend un bien, situé à Dormey, à Guyot de Merry, écuyer, par acte passé devant Le Clerc, notaire au scel de Metz-le-Comte et Monceaux : Guillaume d'Arcy étant garde du dit scel.

1463. — Guillaume Taicher, huissier au Parlement, réclame certains héritages situés à Beuvron, qu'il prétend lui avoir été adjugés par décret, après la mort de Jean d'Arcy, fils d'Etienne.

1466. — Jean d'Arcy, écuyer, rend hommage au nom de sa femme, Jacqueline de Roys, pour la seigneurie de la Cigogne.

1467. — Antoine de Carrouble rend hommage pour lui et pour la veuve de Guillaume d'Arcy.

1497, 27 mai. — Contrat de mariage de Philibert d'Arcy, licencié ès-lois, fils de noble seigneur Jean d'Arcy, seigneur de Lichy, avec noble demoiselle Françoise Guillamée, fille de noble homme Etienne Guillionne, seigneur de Saint-Maurice, et de Catherine Balloriée.

1505. — Procédure entre Antoinette d'Arcy, fille de noble homme Guillaume d'Arcy, veuve de noble homme Charles du Pont, écuyer, seigneur du Bois en Donziois ; Perrette de Merry, veuve de feu noble Jean du Pont et mère de Charles-Jacques du Pont, prêtre, Jean du Pont, étudiant en l'université de Paris, et Perrette du Pont ; et Charles Jean Merry, écuyer, seigneur de Vault Grenant, Vauffery, Barbère, Chitry, Barnoux, oncle maternel de Charles du Pont, et Alixant d'Arcy, sa femme.

1540. — Philippe et Louis d'Arcy, écuyers. — Déclarations de fief au duc.

1575. — Claude d'Arcy, veuve d'Antoine Quarreau, écuyer, seigneur de Beaulieu, et depuis femme de Jean de Crespy, écuyer, seigneur de Bailliencourt, rend hommage pour tous les biens qu'elle avait à Montceaux, Dirol, Champagne, Saint-Gervais, Arcy et Chevannes.

1598. — Hommages d'Aimée Anceau, femme de Gilbert Juisard, écuyer, seigneur de Tannay, au nom et comme héritière universelle de Claude d'Arcy, sa cousine.

CHATEAU DE PIZY

(CANTON DE QUILLON, ARRONDISSEMENT D'AVALLON)

Pizy, Piciacum au VII° siècle, occupe l'un des points les plus élevés de l'Auxois.

On aperçoit au sud les collines qui cachent Semur en Auxois, éloigné de 16 kilomètres.

En avant du village, du côté sud, s'élève isolément le château-fort de Pizy, qui domine le versant d'une profonde dépression de terrain qui s'abaisse graduellement jusqu'au niveau du Serein, entre Quillon et Montréal.

C'est une construction encore considérable malgré son amoindrissement assez récent et qui présente un ensemble architectural militaire remarquable, parce qu'il est resté à peu près intact dans quelques-unes de ses parties. — Le château de Pizy est, après la forteresse féodale de Semur, l'édifice le plus important qui soit resté dans ces contrées.

On peut encore à Pizy, en étudiant les différents corps de logis de cette vaste demeure, se rendre compte d'une manière exacte des dispositions défensives et des distributions primitives qui donnent aux édifices militaires du moyen âge un vif intérêt de curiosité architecturale.

Ce vieux manoir, dont M. Ernest Petit de Vausse a donné une notice historique et descriptive très complète, aurait été commencé vers l'an 1235, par Guy d'Arcy, seigneur du lieu, et presque entièrement rebâti par Eude de Ragny vers 1480. — Les plans du château sont contenus dans la *Description des villes et campagnes de l'Avallonnais*, par M. Victor PETIT, Auxerre, Albert Guillot, éditeur.

Le château de Pizy est habité par les fermiers de M. le comte de Chabrol.

Dès l'origine de la féodalité, la seigneurie de Pizy appartint aux Anséric de Montréal.

Ce fief fut ensuite inféodé à un membre de la famille d'Arcy et devint jusqu'à la Révolution la propriété de familles qui s'y succédèrent par droit d'héritage ou d'achat. Les principales sont celles d'Arcy, de Grancey, de Surienne, de Ragny, de Rye, Aux-Epaules, Brulard de Genlis, de Mailly, de Laval, d'Harcourt, Pierre d'Harcourt, maréchal de France, vendit en 1779 la terre de Pizy à Antoine-Louis-Marie d'Estiennot de Vassy.

Jen d'Arcy paraît en 1189 pour la première fois avec le titre de sire de Pizy. Il partit pour la croisade, comme le prouve la charte qu'il fit avant son départ à l'abbaye des Escharlis. Il donna aux églises des Escharlis et de Fontaine-Saint-Jean tout ce qu'il avait au moulin de Fresne et dix sols de rente annuelle, du consentement de son épouse Hélissaude et de ses enfants. (*Cartulaire de l'Yonne*, II, 399.)

Guy d'Arcy obtint d'Anséric de Montréal, en 1235, le droit de se construire une maison forte à Pizy. On range ce seigneur au nombre des bienfaiteurs de la collégiale de Montréal, ainsi que Jean II et Jean III d'Arcy.

A la maison d'Arcy succéda celle de Grancey, puis celle de Surienne. Jean de Surienne, sire de Pizy, dit l'Aragonais, fut l'un des plus braves chevaliers du xve siècle. On l'avait surnommé « Polyorcète » (ou preneur de villes) et il s'était acquis une grande réputation par ses duels et dans les tournois.

Eudes de Ragny fit la plupart des constructions que l'on voit maintenant encore au château de Pizy (1480). Dans la chambre, dite chambre rouge, on y voit encore ses armoiries.

A Pizy, des écuries, des étables, des bergeries, des granges, étaient établies dans le rez-de-chaussée, à l'usage de la garnison et des vassaux qui venaient se mettre à l'abri en temps d'invasion des campagnes par l'ennemi.

Une grande et belle chapelle indique par ses dimensions l'importance du nombre des résidents du château de Pizy.

Les seigneurs des châteaux d'Epoises, de Pizy, de Monthelou, de Thizy, de Montréal et de Montjalin correspondaient entre eux la nuit à l'aide de feux et durant le jour par la fumée. Ces différentes forteresses sont, en effet, placées de manière à échanger des signaux pouvant servir aux grands châteaux de Semur et d'Avallon, desquels elles dépendaient.

GÉOGRAPHIE

Lis (*alias*) Lye, Monceaux-le-Comte, commune de Tannay. (159, 161, 163, 164, 168, 169, 170, 173, etc.,
de l'*Inventaire de Marolles*.)

LISTE DES DIFFÉRENTS PROPRIÉTAIRES AUXQUELS LYE (LYS) A SUCCESSIVEMENT APPARTENU

1182. — Bulle du pape Lucius donnant droit au Chapitre de Nevers de nommer aux curis de Lye, d'Orour, de Cigogne, de Chaumot, etc.

1327. — Perrin Cailette, damoiseau, pour des héritages à Lies (Lys).

1327 à 1439. — Hommages pour la seigneurie de Lys par : Grandrie Gaillute de Montz, Jean de Montz, seigneur de Lye, pour la maison fort de Lye et la tour de Montz (1).

---

(1) Jean de Montz mourut en 1328. La pierre tombale qui indiquait sa sépulture et celle de sa femme dans l'église de Lys, se voit encore sous le porche de cette église. Cette dalle funéraire, dont l'*Album du Nivernais*, de M. de Soultrait, a donné un fort mauvais dessin, d'après M. de Soultrait lui-même,) est très curieuse. Elle est en dos d'âne et porte, gravées au trait, les représentations des deux époux placées chacune sous une arcade trilobée garnie

1329. — Marguerite, veuve du précédent.

1335. — Perrin Caillutte, damoiseau, pour la grange de Lye ; — Jean du Roys en son nom et au nom de Jeanne, veuve de Jean Gamard, sa femme.

1345. — Le même.

1349. — Jean d'Arcy, écuyer pour Lye et la Tour de Monts.

1439 — Jean d'Aulnay, écuyer, au nom d'Alixant du Châtel, sa femme.

Divers hommages pour la maison de Lye appelée les Courtils.

---

de crochets. De chaque côté de la dalle un ange balance un encensoir ; un autre ange sortant d une nuée entre les deux frontons, tient une couronne de chacune de ses mains étendues vers les personnages. Le chevalier porte le harnais de guerre du xivᵉ siècle et sa femme est vêtue de la cotte et du surcot : leurs mains sont jointes et leurs pieds reposent sur des chiens.

Quatre écussons ogivaux sont gravés à la hauteur des épaules des personnages, deux aux armes du mari, portant un semé de billettes et un lion brochant sur le tout. Un autre à trois tierces feuilles, reproduit le blason des Thianges, avec lesquels Jean de Monts avait des rapports de parenté ; la quatrième à une bande, accompagnée en chef d'une molette, est celui de la famille d'Angelier. L'inscription, dont une partie est brisée, est double : l'épitaphe du mari commence à la tête de la dalle, continue sur le côté inférieur de la moulure carrée, à gauche, puis aux pieds, pour venir se terminer sur une autre face de cette même moulure. Celle de la femme se voit sur les deux côtés de la moulure du côté droit.

Voici ce qu'on peut lire de ces épitaphes qui sont en lettres capitales gothiques :

« Ci-gît Messire Jehan de Montz, sire de Lie, qui trépassa l'an de grâce mcccxxviii, le jeudi après la Sᵗ-Martin » date de ..... »

« Ci-gît noble dame Marguerite Dangeliers, dame de sire Jehan de Montz, sire de Lie, laquelle trépassa l'an ..... »

Jean de Montz appartenait à une noble famille fort puissante dès le commencement de la féodalité, prenant son nom d'un fief situé dans la paroisse de Thianges. Il descendait de Rode de Montz qui fit don, au xᵉ siècle, de terres à son parent Landri, de qui sont descendus les premiers comtes de Nevers. Le blason des comtes est le même que celui de Montz :

« D'azur semé de billettes d'or au lion d'or brochant sur le tout. »

MARGUERITE BOURGOING, née DE CHEVANNE

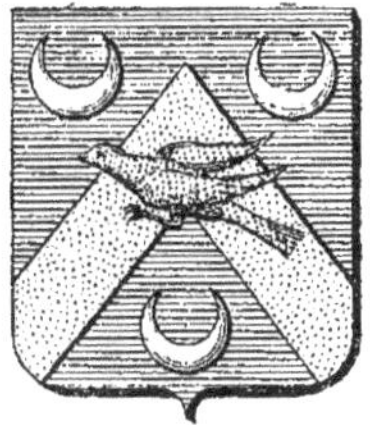

D'azur, à trois croissants d'argent, au chevron d'or
avec une colombe du même en abîme.

1200. — Archambault de Chevanne, seigneur du dit lieu, eut un différend en 1200 sur les dixmes de Thianges contre le curé du dit Thianges, se faisant fort de Hugues de Chevanne son fils ; lequel différend fut jugé par sentence arbitrale du mois de mai 1216. (Pièce copiée sur l'original chez Parmentier, avocat à Nevers.)

1208. — Hugues Ier de Chevanne, seigneur du dit lieu, chevalier, épousa une dame nommée Pamnum, laquelle par acte du mois d'avril 1208 fonda une messe au prieuré de Beaumont du consentement de son mari et de ses enfants, Hugues, Hervée et Jean de Chevanne qu'ils eurent pour enfants : (Manuscrit de Dom Viole en l'abbaye de Saint-Germain d'Auxerre, deuxième page.)

1208. — Hervée de Chevanne qui consentit à la fondation que sa mère faisait par acte du mois d'avril 1208. (*Ibidem.*)

1208. — Jean de Chevanne qui consentit à ladite fondation que sa mère faisait en 1208. (*Ibidem.*)

1208. — Hugues II de Chevanne, fils de Hugues, seigneur de Chevanne, chevalier, et de dame Damnum, sa femme, consentit avec son dit père à la fondation que la dame sa mère faisait d'une messe au prieuré de Beaumont par acte du mois d'avril 1208. (*Ibidem.*)

1226. — Le dit Hugues de Chevanne légua à l'abbaye de Saint-Germain d'Auxerre une rente qu'il avait à Lignerolle, du consentement de Vilain de Honesot, chevalier, son seigneur, et d'Alieuvre, femme du dit Vilain de Honesot. Il était mort en 1226 lorsque Hervée de Chevanne, chevalier, et Jean de Chevanne, son frère, reconnurent le legs fait par feu Hugues de Chevanne leur père. (*Ibidem.*) Il est rapporté et qualifié chevalier dans la fondation de son anniversaire faite au mois d'avril 1226 par ses dits fils et dans la charte du mois de mai 1227 par laquelle Vilain de Honesot et sa femme approuvèrent le legs qu'ils avaient fait à l'abbaye de Saint-Germain d'Auxerre ; ses enfants sont : Herbert de Chevanne qui reconnut, en 1226, le legs fait à l'abbaye de Saint-Germain d'Auxerre par Hugues de Chevanne, son père (*Ibidem*) et qui fonda, par acte du mois d'avril 1226, avec Jean de Chevanne, son frère, l'anniversaire de feu Hugues de Chevanne, leur père. (*Ibidem.*)

Jean de Chevanne, qui reconnut avec Herbert de Chevanne, son frère, en 1226, l'acte fait à l'abbaye de Saint-Germain d'Auxerre par Hugues, seigneur de Chevanne, leur père, et qui fonda avec son dit frère l'anniversaire de feu Hugues de Chevanne, chevalier, leur père, par acte du mois d'avril 1226. Le dit Jean de Chevanne, chevalier, fit une donation à l'abbaye de Saint-Germain d'Auxerre l'an 1243. (*Ibidem.*) Le dit Jean de Chevanne, chevalier, fut nommé avec Jean Leroux chanoine d'Auxerre par charte du mois de **mai 1243** pour juger d'un différend sur la pâture des bois de Bruyères entre le chapitre d'Auxerre, l'abbaye de Saint-Germain et noble homme Guillaume de Mello. (*Ibidem.*)

1247. — Hugon ou Hugues III de Chevanne, chevalier, est mentionné dans une charte du jour des octaves de la Magdeleine 1247. De Dreux de Mello, seigneur d'Espoisses et de Château-Chinon, portant que sur un différend qu'il avait avec Chanault, comtesse de Nevers, sa dame, il a empromis entre les mains de monseigneur Gaucher de Châtillon, seigneur de Saint-Aignan-en-Berry, et qu'il a donné pour plegs à monseigneur Etienne Deselnay, seigneur de Beaumont ; monseigneur Montaillet, monseigneur Seguin Taillepin, monseigneur Hugon de Chevanne (*Christiana*, chez Parmentier) et monseigneur Ferran Daunay ; il eut pour fils le suivant : Dreux de Chevanne, chevalier, mentionné dans un dénombrement de l'année **1296,** servi au comte de Nevers de ce qui est tenu de sa châtellenie de Châtel-Sansoye ; portant que messire Dreux de Chevannes, chevalier, a déclaré tenir une maison, au Château-Sansoye, qui fut à Huguenin de Pressy, clerc. — Nota : que les Chevanne établis à présent à Clamecy sont originaires du dit Château-Sansoye. — *Charte ou Cartulaire du contrôle de Nevers*, volume II, en la Chambre des comptes de Nevers.) — Vers ce même temps il épousa noble dame Mme Agnès, laquelle est mentionnée avec son fils dans une déclaration de l'abbesse de Crisenon, portant qu'elle possède (**1310**) des biens à l'abbaye par noble dame Mme Agnès, veuve de monseigneur Dreux de Chevanne, chevalier, et Godefroy de Chevanne, son fils, écuyer, scis à Bèze, tenant à Robert de Bèze, chevalier, à Jean de Lentilliers, chevalier, à Jeannot de la Borde, écuyer, à Madame Isabeau, sœur du dit Robert de Bèze, à Guiot de Pigoux, écuyer ; ils eurent pour fils le suivant :

Godefroy de Chevanne, écuyer, chevalier, mentionné dans ladite déclaration de l'an 1310 de l'abbesse de Crisenon, comme ayant donné des biens à ladite abbaye, avec noble dame Mme Agnès, sa mère, veuve de monseigneur Dreux de Chevanne, chevalier. Le dit Godefroy de Chevanne en Auxerrois, écuyer, cousin de Madame de Saint-Verain, épousa damoiselle Jeanne de Fley, avec laquelle il vendit, par acte du jour Saint-Jacques, mois de juin (**1320**), au profit de Pierre dit Anceau et de ses hoirs tout ce qu'ils avaient à Villiers-le-Sec à eux hérité par le décès de ladite noble dame Jeanne de Saint-Verain, ledit acte rédimé le 3 février 1366. — (Original en parchemin n° 14 dans les titres de Duverne chez le curé de Ouagne.) Guillaume de Chevanne, chanoine d'Auxerre, est mentionné dans un procès-verbal du 20, 21 et 23 mai 1313. (Manuscrit de Dom Viole, tome III.)

Guiot de Chevanne, chevalier, châtelain de Decize pour Louis comte de Flandres et de Nevers, et Gaudry Chaillou, et Hugues Boucheron, et Etienne Dabon, comme procureurs du dit comte ayant fait partage à Jean Coquille, bourgeois de Nevers, et Bonne, sa femme, veuve de Huguenin de Collenges, des biens que ledit Huguenin avait acquis du sieur de Beaujeu. Ledit Louis comte de Flandres et de Nevers approuva la disposition par lettres de l'an **1327.** (*Chartes du Cartulaire du Comté de Nevers.*) Il est mentionné dans les lettres de 1334 du dit Louis comte de Flandres et de Nevers, portant que feu son père a assigné une rente à feu messire Jean de Chapeau, chevalier, comme il appert par lettres de monseigneur Estère Châtelain, Guillaume de Vaux et Guyot de Chevanne, chevalier, châtelain de Decize, commis à ladite assiette ; et qu'il veut Jean de Chapeau fils et héritier du dit Jean en jouisse. (*Archives de la Cathédrale de Nevers.*)

1384. — Isabeau de Chevanne, prêtre, notaire apostolique et impérial, est mentionné dans un compte de la recette de la ville de Varzy.

1389. — Jean Bourgoing, écuyer, seigneur de Follins et de Champlévrier, et Marguerite, sa femme et Mademoiselle Mahaut de Chevanne, veuve de Guyot de Saulce, écuyer, firent une vente l'an 1389 au profit de Jean Carroble.

Cette notice se trouve à la Bibliothèque du roi, à Paris, dans un volume manuscrit sur plusieurs familles du Nivernais et de Bourgogne, page 324 et suivantes, au cabinet de M. de la Cour. Les Carroble étaient à Clamecy, on pourrait s'informer où sont passés leurs biens et leurs titres. Il y a apparence que ladite Marguerite, femme de Jean Le Bourgoing, était sœur de ladite Mlle Mahaut de Chevanne et que le bien qu'on vendit en 1389 appartenait aux dites dames comme leur étant venu de leurs ancêtres. (Extrait d'une lettre de Dom Caffiaux, religieux bénédictin de l'abbaye de Saint-Germain-des-Prés, à M. de Chevanne, officier de la maréchaussée de Clamecy en Auxerrois, datée de Paris le 25 août 1773.) Jean Bourgoing fonda une branche en Angleterre où la famille de sa mère était déjà établie. (Voir la note de la page 65.)

Nicolas de Chevanne, chevalier, demeurant à Varzy, épousa Etienne Comte, fille de Jean Comte et de Huguette, sa veuve, et ratifia, par acte du vendredi après la Saint-André **1507** avec sa dite femme, avec Philibert Comte et Eugène Comte, frère et sœur de sa dite femme, et Huguette, veuve de Guillaume Comte, aussi frère de sa dite femme ; ladite Huguette, tutrice de ses enfants, en accord fait entre les religieux de Bourras d'une part, et Huguette, veuve de Jean Comte, leur mère, qui s'était fait forte d'eux. (Registre des minutes du *Coutumier*, commencé en 1507. Cherchez, clerc, procureur fiscal à Varzy.) Il ratifia, par acte du même jour, avec sa dite femme et ses dits beaux-frères et belles-sœurs, un accord fait entre ladite Huguette, veuve de Jean Comte, d'une part, et honorable homme Esaü Barat et Tournin, comme procureurs de la fabrique de Saint-Pierre de Varzy. (*Ibidem.*) Le dit Nicolas de Chevanne, chevalier, et Etiennette Comte, sa femme, et Huguette, veuve de Jean Comte, et Huguette, veuve de Guillaume Comte, qui devaient une somme à Jeanne Chougne, femme de Pierre Bocquin, boulanger, demeurant à Saint-Léonard de Corbigny, à cause de la succession de Marie Comte, mère de ladite Jeanne Chougne ou Mougne, reçurent quittance de ladite somme à eux donnée par le dit Bocquin et sa femme, le mardi après Noël 1507 ; ladite Etiennette Comte était veuve du dit Nicolas de Chevanne, chevalier ; lorsqu'elle se maria, par contrat du **8 juillet 1512**, à Antoine de la Saulsaye, écuyer, fils de Pierre et de la Saulsaye, demeurant à Ferrière en Gâtinais, par lequel contrat il fut dit que les futurs ne seraient pas communs en biens avec Pasquet de Chevanne, chevalier, quoique demeurant dans la même maison. (*Registre de Bonneau*, commentaire en 1505.) Le dit Antoine de la Saulsaye est mentionné dans le testament du 19 avril 1514 de Huguette, veuve de Jean Comte, qui fit un legs à Eugène Comte, sa fille, et nommé pour exécuteur en chef Jean Aubigny, son cousin, et le dit Antoine de la Saulsaye, son gendre. (*Coutumier* commencé en 1507.) Ladite Etiennette Comte est aussi mentionnée dans le testament du dit jour 19 avril 1514, d'Eugène Comte sa sœur, fille de feu Jean Comte et de ladite Huguette, laquelle fait un legs à Pasques ou Paquet de de Chevanne, fils de Nicolas de Chevanne et de ladite Etiennette Comte, sœur de ladite testatrice. (*Registres de Bonneau*, 4ᵉ page) Le dit Nicolas de Chevanne eut pour fils Pasque ou Paquet de Chevanne, mentionné dans le (*Ibidem*) contrat de mariage du 8 juillet 1512, d'Etiennette Comte, sa mère, veuve de messire Nicolas de Chevanne, son père, et dans le testament du 19 avril 1514 d'Eugène Comte, sa tante, sœur de sa mère, qui lui fait un legs.

Pasques ou Paquet de Chevanne (car on le trouve sous ces deux noms) épousa en première noce demoiselle Simone de la Selle.

1511. — Pasques de Chevanne, qui vivait en 1500, épousa demoiselle Edmée Vermeau dont il eut pour enfants : Martine, Jean, Loup et Antoine de Chevanne. Il épousa en 1519 Marie Gagnaux, dont il eut Anne et Claude de Chevanne. (Voyez les registres de Lucy-sur-Yonne.)

1610. — Loup, fils de Pasques de Chevanne, vivait au commencement de 1600 et demeura à Lucy-sur-Yonne, en la maison de son père où demeure aujourd'hui Mme Tenaille de la Gagère ; il épousa une demoiselle Claudine Bienassis, dont il eut Suzanne, Etiennette, Perrette, Nicolas, Jacques, Gabriel de Chevanne.

1668. — Jacques, fils de Loup de Chevanne, épousa, en 1668. damoiselle Berthier du Château-Sensoye, dont il eut : Germain de Chevanne, et en 1682 il épousa damoiselle Bogne, de la ville de Clamecy, dont il eut : François, Pierre, Suzanne et Claudine de Chevanne. (Loup de Chevanne a pris dans ces actes la qualité de noble. Voyez les registres de Lucy-sur-Yonne, et en d'autres celle de messire notamment le terrier de la Porest, reconnaissance de.....)

1682. — Germain de Chevanne des compagnies cadets gentilshommes et capitaine au régiment de Saintonge.

1736. — Pierre-Germain de Chevanne, lieutenant au régiment de Nice, épousa, en 1736, demoiselle Marie-Anne Convert, dont il eut : Marie-Jean-Germain de Chevanne, garde du corps du Roy, Christophe de Chevanne, Charles de Chevanne, Christophe-Edme de Chevanne, lieutenant au régiment de Vexin, Marguerite et Victoire de Chevanne.

(L'original de cette généalogie se trouve à Lain, chez M. de la Celle; il est signé par Dom Caffiaux, religieux bénédictin, historiographe et archiviste nommé par le Roy. Faite sur copie et présentée à M. de Chevanne par son très humble serviteur, E. Dousset, ce 6 février 1773.)

JEANHOTE DE BOURBON, née BOURGOING

D'azur, à une bande d'or semée de trois fleurs de lis d'or.

Jeanne, fille de Béraud III, comte de Clermont, dauphin d'Auvergne, sire de Mercœur, et de Jeanne de la Tour d'Auvergne, épousa Louis de Bourbon, comte de Montpensier, auquel elle porta les biens de sa maison.

Jeanne étant morte sans postérité, Louis de Bourbon se remaria avec Gabrielle de la Tour qui lui donna :

1° GILBERT, mari de Claire de Gonzague, d'où :

    a) Louis, dauphin d'Auvergne ;
    b) Charles, comte de Montpensier ; femme : Suzanne, duchesse de Bourbon et d'Auvergne (pas d'enfants).

2° JEAN Ier de Bourbon ;

3° GABRIELLE ;

4° CHARLOTTE.

(Extrait du *Tableau généalogique des souverains de France et des grands feudataires de la couronne.*)

Dans les malheureuses défaites des Français à Crécy, à Poitiers et à Azincourt, un grand nombre de prisonniers de marque furent faits et envoyés en Angleterre. Parmi eux étaient les ducs d'Orléans et de Bourbon. (*Histoire de Jeanne d'Arc.*)

Le duc de Bourbon était Jean Ier dont nous avons indiqué ci-dessus l'état civil.

Jean Ier de Bourbon possédait : 1° les duchés de Bourbonnais et d'Auvergne, le comté de Forez et la seigneurie de Beaujeu ; 2° le comté de Clormont en Reauvaisis. (Le fils aîné du duc de Bourbon prenait le titre de comte de Clermont.)

Pendant sa captivité en Angleterre, Jean de Bourbon eut une liaison avec une jeune fille de la Cour de Henri V qui lui donna un fils, Henri de Bourbon.

Les bâtards des rois étaient princes, ceux des princes étaient gentilshommes. Henry, par sa naissance, son éducation en Angleterre, fut, à l'âge de sa majorité, un gentilhomme accompli. Il prit, au service de la France, sa place aux côtés de Lahire et de Xaintrailles. Mais le traité d'Arras, signé entre Charles VII et Philippe le Bon en 1435, qui devait réaliser les projets pacifiques dont on avait tant besoin, préjudicia aux chefs de plusieurs compagnies qui murmurèrent hautement.

La plupart des capitaines, même les plus renommés, s'étaient plongés dans la honteuse carrière du pillage. Si quelques aventuriers obscurs ravageaient la Bourgogne malgré la foi des traités, comment excuser la conduite de Lahire, Xaintrailles, Antoine de Chabannes, Henri de Bourbon, de Blanchefort, d'Espailly. Tous les moyens, qui leur valurent le nom d'Ecorcheurs, furent employés par ces capitaines que l'histoire avait couverts d'un renom de loyauté, de bravoure et de chevalerie quand ils avaient chassé les Anglais de France.

Ce renom était dû sans doute à une gloire plus pure acquise sous la bannière de Jeanne d'Arc, et au reflet du rayon émané de l'auréole qui environnait cette sainte fille. Sur la nouvelle des brigandages commis dans son duché par les Français, le duc se plaignit au Roi pour lui reprocher l'inexécution du traité d'Arras.

Alors Charles VII écrivit, le 15 septembre 1438, à tous les chefs de compagnie qui parcouraient la Bourgogne pour leur ordonner de quitter le pays. Xaintrailles, Gauthier de Brunal, Henri de Bourbon, Antoine de Chabannes, Floquet, Blanchefort, sont compris dans l'ordonnance royale.

Malgré la précision des termes de l'ordonnance, les Ecorcheurs continuèrent comme par le passé de vivre sur le Bonhomme. Pour mettre un terme à leurs ravages, le gouverneur de Bourgogne convoqua les principaux seigneurs de la province, les sires de Joigny, de Saint-Brès, de Rougemont, de Chastellux, de Taulay, Guiot Bourgoing, etc., pour leur dire de rassembler leurs gens d'armes et de trait, afin de résister aux Ecorcheurs. Les Etats de Bourgogne votèrent même une somme de six mille saluts d'or pour favoriser cet armement. Des sommes importantes furent également avancées au comte de Fribourg pour mettre ce projet à exécution.

Mais les féaux et vassaux de Bourgogne refusèrent de marcher; la plupart des seigneurs, dans la crainte d'être mis à rançon, reçurent même les Ecorcheurs dans leurs châteaux, les guidèrent dans leurs excursions et défrayèrent leur compagnie. Le maréchal de Chastellux, craignant de voir ses propriétés ravagées, composa à diverses reprises avec les chefs Ecorcheurs. Blanchefort et Brunac ayant voulu obtenir une rançon des habitants de Mont-Saint-Jean, ceux-ci prièrent le sire de Chastellux, leur seigneur, d'intercéder pour eux. Sur sa prière, Antoine de Chabannes, Thévenot (neveu de Lahire), le seigneur de Pennach, Blanchefort, Brunac, et autres capitaines au nombre de quarante environ, se rendirent au château de Mont-Saint-Jean où on leur fit faire bonne chère; on les promena ensuite aux alentours pour leur faire admirer la richesse et la beauté du pays, après quoi ils se jouèrent un peu avec les dames et les demoiselles qui pour lors étaient au dit Mont-Saint-Jean en la salle d'icel, et puis s'en retournèrent où bon leur sembla.

Ces trop complaisantes réceptions se renouvelèrent souvent. Les principaux seigneurs avaient eu soin de se faire donner des garanties pour leurs châteaux, comme les sires de Chastellux, de Corcelle, de Dombernon, Guy Bourgoing pour ses châteaux de Grésigny et Velart, et ces derniers étaient sans cesse mandés pour jouer aux dés avec les capitaines d'Ecorcheurs, tantôt à Vitteaux où ils logeaient, tantôt dans la forteresse de Dombernon. Ces jeux se prolongeaient souvent fort avant dans la nuit et les sommes perdues s'élevaient parfois jusqu'à 300 saluts d'or. Guy Bourgoing, qui ne s'était point marié, avait cependant une fille appelée Jeanhote qui épousa, le 27 juin 1441, Henri de Bourbon. Othelin Bourgoing fit un don à la mariée.

Les Ecorcheurs, chassés de Bourgogne, avaient porté le théâtre de leurs exploits en Champagne. Plusieurs capitaines mandés au siège de Pontoise où se rendit le roi Charles VII, lassé de voir ce siège traîner en longueur et trouvant qu'une telle expédition offrait peu de chance de butin, revinrent en Champagne, occupèrent d'abord la vallée de Ricey, puis se répandirent dans le Tonnerrois. Henri de Bourbon voyant ses amis revenir si près de lui quitta l'Auxois, où il avait été retenu jusque-là par sa femme, et rejoignit ses compagnons d'armes.

Croyant que sa naissance le mettrait à l'abri des sévérités de Charles VII, Henri continua la guerre; mais le Roi, joignant l'effet aux menaces, fit exécuter Henri de Bourbon, qui, cousu dans un sac, fut jeté dans la rivière de Bar-sur-Seine.

Cette exécution fut sévère, car tous les jeunes gens élevés à cette époque naquirent avec un caractère violent et belliqueux; ils ne connaissaient d'autre profession que le métier des armes. Plusieurs d'entre eux, les bâtards de Chastellux et de Savoisy, eurent dans maintes circonstances à encourir la sévérité de Charles VII qui prononça contre eux la peine du bannissement et la confiscation de leurs biens, mais leurs services passés, rappelés auprès du Roi, leur valurent la permission de revenir dans leur pays par des lettres de rémission données à Rasilly le 25 octobre 1440. Une grâce semblable eût été plus tard accordée à Henri de Bourbon en raison de ses services contre les Anglais sous la bannière de Jeanne d'Arc, si l'exécution prononcée contre lui n'eût été si prompte et si terrible. La jeunesse eut surtout plaidé en sa faveur, et ses alliés, grands officiers de la couronne sous Charles VII, auraient certainement, en faisant valoir son repentir, obtenu du Roi des lettres de rémission. (Archives nationales, *Histoire des Français*, par Sismondi. — *Avallon et l'Avallonnais*, par Petit de Veaux. — Maison de Chastellux.)

CHARLOTTE SOREL, née BOURGOING

D'argent, au sureau d'or.

En 1445, Jean Soreau, écuyer, grand veneur de France, frère d'Agnès Sorel, épousa Charlotte Bourgoing de Faulin, fille d'honneur de la reine Marie d'Anjou, femme de Charles VII. Leur fils, Charles Soreau, seigneur de Saint-Géran, s'allia, le 17 mars 1477, à Anne de Brie, fille de Louis, seigneur de Boissy-le-Château, et de Jeanne de Boulainvillers, fille de Foucault de Solignac, seigneur de Magnac, et de Anne Gourdon de Ginouilhac, et en eut, entre autres enfants, une fille, Anne Sorel, qui fut unie à Gabriel de Laguiche, seigneur de Laguiche, de Coudun, de Farcy, de Chaumont, capitaine de 50 hommes d'armes, bailli de Mâcon, gouverneur et lieutenant général sous le roi Henri II. Il fut blessé au siège de Pavie. — Le mariage eut lieu le 9 août 1540. Il laissa quatre fils et une fille :

1° Philibert de Laguiche qui en secondes noces, d'Antoinette de Daillou de Lude, sa femme, eut :

a) Henriette de Laguiche. Veuve du maréchal de Martignon, celle-ci épousa Louis de Valois, fils naturel de Charles IX. Par ce mariage, Henriette de Laguiche fut comtesse d'Alais, baronne de Sauve et dame de Flanque (château de Saint-Hippolyte-du-Fort) Languedoc.

b) Anne de Laguiche, comtesse de Nanteuil ; devint, par son mariage avec Henri Schomberg, maréchale de Schomberg, gouvernante du Languedoc.

2° Claude de Laguiche, seigneur de Saint-Géran ;

3° François, abbé de Saint-Saturnin en 1580, prévôt de Saint-Pierre de Mâcon et de Paray-le-Monial ;

4° Jean, prieur de Sauvillargues en 1570, mari de Louise de Lastic ;

5° Véronne, mariée en 1570 à Louis de Pompadour.

AGNÈS SOREL

Charles VII, né en 1403, monta sur le trône de France à dix-neuf ans.

Les quatre rois ses prédécesseurs, lui léguèrent le fardeau d'une guerre déjà longue entre l'Angleterre et la France. Ceux qui devaient le protéger étaient : Charles VI, son père, atteint de folie ; sa mère, Isabeau de Bavière, qui aliéna une partie de la France au roi d'Angleterre, auquel elle avait donné sa fille en mariage ; ses oncles, les ducs d'Orléans, de Bourgogne et de Berry, ses tuteurs, dont les crimes contribuèrent à amoindrir le patrimoine de leur pupille, surnommé le *Roi de Bourges*.

Charles VII épousa Marie d'Anjou, fille de René et de Iolande d'Aragon, reine de Sicile, fille de Marie de Montpellier.

Le Roi attira auprès de lui les descendants des chevaliers qui avaient combattu au début de la guerre le Prince Noir, partagé la captivité de Jean le Bon, relevé la France sous Charles V et servi son père Charles VI. Ces vaincus des Anglais, grands officiers de sa couronne, relevèrent leurs châteaux ruinés par les guerres désastreuses. Les chambellans, les hommes d'armes de la maison du Roi, étaient de preux chevaliers dont le courage avait été mis à l'épreuve dans les derniers revers. Louis de Montmorency-Lauresse, le connétable de Richemont, le comte de Dunois, Jean Bureau, grand maître de l'artillerie, Joachim Rouhault, Othelin Bourgoing de Faulin, Guillaume de la Fare, de Laguiche, Guillaume du Cailar, Christophe de Coëtivi, seigneur de Taillebourg, écuyer du Roi, Pierre de Brézé, sénéchal, etc.

Les filles d'honneur de la Reine étaient Marguerite de Wœstque, de Montmorency-Lauresse, Charlotte Bourgoing de Faulin, de la Fare, née Almoy de Montclar, Marguerite du Caylar, née de la Fare, etc.

Un ardent patriotisme animait l'entourage de Charles VII. Sa belle-mère, Iolande d'Aragon, fut, avec le clergé, l'âme du parti de la guerre à laquelle on doit la délivrance d'Orléans, le sacre de Reims, suivi malheureusement de la prise de Compiègne et du bûcher de Rouen (1431).

Charles VII, qui avait appris de bonne heure à ne compter que sur lui-même, travaillait avec ses trésoriers, ses généraux, ses ambassadeurs. Deux millions lui furent prêtés par un enfant de Montpellier, Jacques Cœur, riche armateur, qui fut nommé argentier du Roi.

Une armée permanente en formation, que devaient imiter dans la suite les princes de l'Europe, fit ressortir l'impuissance des milices féodales battues par les Anglais. Charles VII proscrivit les complices du crime de Montereau et se réconcilia avec le duc de Bourgogne Philippe le Bon, qu'il gagna ainsi à sa cause.

Le Roi hésitait devant les ressources immenses des Anglais, maîtres d'une grande partie de la France. Le pays s'attendait cependant à une revanche prochaine. La Cour se taisait sur l'opportunité d'entrer en campagne, de crainte de froisser les sentiments du Roi ; quand Iolande d'Aragon vint en France solliciter la mise en liberté de son mari, René d'Anjou, battu et fait prisonnier à la bataille de Ballengleville (1431).

Ayant obtenu cette faveur, Iolande retourna en Sicile et laissa auprès de la Reine de France une de ses filles d'honneur, Agnès Sorel, née en 1409 en Berry, de Jean Soreau et de Catherine de Maignelais, dame de Verneuil.

Un poète a fait en vers le portrait d'Agnès :

> Jamais l'amour ne forma rien de tel
> Imaginez de Flore la jeunesse,
> La taille et l'air de la Nymphe des bois
> Et de Vénus la grâce enchanteresse
> Et de l'Amour le séduisant minois ;
> L'art d'Arachnée, le doux chant des Sirènes,
> Elle avait tout ; elle aurait dans ses chaînes
> Mis les héros, les sages et les rois.

C'est ce qui arriva à Charles VII lorsque la gente Agnès parut devant lui, au château de Loches où il chassait.

Pendant ce temps, le duc de Bedfort ravageait la France. — On raconte qu'Agnès Sorel, voyant le Roi soucieux et indécis, lui dit qu'un astrologue lui avait prédit qu'elle serait aimée de l'un des plus courageux rois de la chrétienté, mais elle voyait bien qu'elle était trompée et que ce roi était celui d'Angleterre. Ah! donc je m'en vais le trouver, car c'est de lui de qui entendait parler cet astrologue. — François Ier estimait que seule, entre les favorites des rois, Agnès eut droit à louange et honneur. Il avait écrit de sa main sur un portrait d'Agnès :

> Plus de louanges et d'honneurs tu mérites,
> La cause étant la France recouvrer,
> Que ne peut dans un cloître ouvrer
> Close nonnaint ou bien dévot ermite.

Charles VII reprit les hostilités, entra dans Paris en 1435, mit le siège devant Rouen, Jumièges fut son quartier général; Agnès Sorel habitait auprès de lui le château de Muriel. — C'est à Jumièges que le comte de Dunois vint apprendre à Charles VII qu'il ne restait plus un Anglais en Normandie (1444). — C'est à Jumièges que le 9 février 1449 le page d'Agnès Sorel entra en pleurant dans la chambre du Roi et lui dit cette funèbre parole qui depuis, dans la bouche d'un orateur chrétien, devait acquérir une immortelle consécration :

> Madame se meurt, Madame est morte!

Le corps d'Agnès Sorel fut transporté à Loches et inhumé dans le chœur de la collégiale comme elle l'avait ordonné dans son testament. Son tombeau était en marbre noir; sur le sarcophage était sa statue, représentée couchée, les mains jointes, la tête appuyée sur un coussin. On voyait de chaque côté un ange, placés l'un et l'autre derrière une couronne ducale taillée à cinq fasces. A ses pieds étaient deux agneaux, symbole de la douceur de son caractère. Autour du tombeau, on lisait cette épitaphe gravée en lettres gothiques :

> Ci-gît noble damoiselle
> Agnès Sorel, en son vivant
> Dame de Beauté, Rochesserie,
> Issoudun. Vernon-sur-Seine,
> Pitieuse envers toutes gens
> Et qui largement donnait
> De ses biens aux Eglises et aux pauvres.
> Laquelle trépassa le 9ᵉ jour de fév. 1449.
> Priez Dieu pour l'âme d'elle. Amen.

Les cendres d'Agnès Sorel reposent aujourd'hui dans la tour du château de Loches, qui porte son nom.

Iolande d'Aragon avait pardonné à la favorite, eu égard aux obligations que la France devait à Agnès.

A l'avènement de Louis XI, les chanoines de Loches, connaissant l'aversion du monarque pour Agnès, lui présentèrent requête à l'effet d'obtenir la permission d'enlever du chœur de la collégiale le tombeau de la bien-aimée de son père. Louis XI rejeta leur supplique, et rappelant à ces ingrats la promesse qu'ils avaient faite à leur bienfaitrice, leur enjoignit de respecter les cendres d'Agnès, ajoutant même des deniers de son épargne, six mille livres, à la donation de la belle des belles.....

Parmi les fidèles serviteurs de Charles VII, il faut citer Etienne Chevalier, né à Melun en 1410, mort en 1483.

Etienne, attaché jeune encore au service du Roi, se concilia la confiance de ce prince qui l'admit dans son intimité et lui conserva jusqu'à son dernier jour une faveur particulière. Etienne Chevalier fit partie de l'ambassade qui négocia la paix avec l'Angleterre sous l'autorité du duc de Vendôme, prince du sang. (Bibliothèque nationale, n°ˢ 90 et 37, BALUZE, feuillets 45 à 57.) Etienne fut un des exécuteurs testamentaires d'Agnès Sorel et du roi Charles VII. Il servit Louis XI dans la Ligue du Bien public. — Ce Roi vint un soir dîner chez lui, dans un hôtel qu'il avait construit rue de la Verrerie. — Etienne Chevalier eut, de Catherine de Dreux-Budé, Jacques qui perpétua sa race et qui hérita de toutes les œuvres d'art que son père avait réunies dans son hôtel, objets qui furent dispersés et vendus à vil prix par ses descendants.

Un riche dytique peint sur bois, représentant Etienne à genou devant saint Etienne son patron, fut longtemps conservé dans l'église de Melun, ainsi qu'une Notre-Dame sous les traits d'Agnès Sorel.

Quarante miniatures, détachées du livre d'heures d'Etienne Chevalier, illustré par Jean Fruquet, miniaturiste de Charles VII et de Louis XI, sont conservées au musée de Chantilly. Les portraits de Charles VII et d'Etienne Chevalier qu'elles contiennent sont indéniables ; on ne peut former sur les autres portraits que des hypothèses.

Jean Soreau, grand veneur de France, Agnès Sorel, fille d'honneur de la Reine, Guyot Bourgoing, écuyer, Barmeret, sa sœur Charlotte Sorel, née Bourgoing, étaient liés d'une étroite amitié avec Etienne Chevalier et le peintre Jean Fruquet.

Leurs descendants ont gardé d'eux un souvenir qui, à travers les âges, est arrivé jusqu'à nous.

En 1526, le 16 décembre, à Nevers, Antoine Chevalier épousait Perrette Bourgoing, fille de feu Guyot et de Françoise de Gastelier.

En 1549, un autre Antoine Chevalier épousait Pierrette Bourgoing de Faulin, fille de Pierre-Philibert, dit l'Ancien, et de Barbe Rolin.

En 1620, Claude Chevalier épousait Perrette Bourgoing d'Auxerre, fille de François et de Pérette Le Roy.

En 1653, Anne Fruquet, femme de Georges Betzenger, donnait sa fille en mariage à Jean Bourgoing d'Auxerre, fils de François et de Marie Gerbaut.

En 1725, Antoinette-Marguerite Fruquet, femme de Simon Perthuis, frère servant de Notre-Dame du Mont-Carmel, chevalier de Saint-Lazare et de Bethléem, était marraine de Marie-Thérèse Bourgoing de Pompignan (Languedoc).

Les descendants de Jean Fruquet, sculpteurs-architectes, apportaient, en 1595, le concours de leurs talents à la restauration de l'église de Châtel-Censoir et du château de Faulin (*Bulletin de la Société des Sciences de l'Yonne*, Marchés des travaux de reconstruction, 1899.)

Les armoiries de Nicolas Chevalier, grand bibliophile du xvııᵉ siècle, étaient : aux 1 et 4 d'azur, au lac d'amour enroulant deux grands E gothiques ; d'or pour Etienne Chevalier ; aux 2 et 3 d'argent, au lion de gueules, pour Jacques Chevalier, époux de Jeanne Picard ; sur le tout, de gueules, rampante d'argent, pour Nicolas Chevalier. La licorne fièrement dressée (comme dans les armoiries d'Angleterre) était réservée pour les armoiries d'Etienne Chevalier. (*Messager des Sciences*, Gand [Belgique], année 1855, p. 188.)

Les armoiries d'Antoine et de Claude Chevalier étaient : d'azur, au chevron d'argent chargé de deux lions de sable, affrontés, armés et lampassés de gueules. Le chevron accompagné en chef de deux bustes de femmes habillées d'argent, chevelées d'or, et en pointe enté de gueules, à l'aigle d'or éployée. (*Armorial historique de l'Yonne*, PAILLOT, p 96.)

Ces modifications dans les armoiries témoignent du respect dans lequel les descendants directs d'Etienne Chevalier tenaient le chef de leur race. (V. Didot et Guignard.) Claude Chevalier, président de la Société de l'arquebuse, lieutenant général au bailliage et siège présidial d'Auxerre, châtelain de Coulanges-sur-Yonne, fut député aux Etats de Bourgogne. Les alliances de sa maison étaient Mancy, Marchand, Girardin, Bourgoing, Leclerc de Buffon. (*Annuaire de l'Yonne*, 1840. — *La Noblesse aux Etats de Bourgogne*, par MM. de Beauce et d'Arbaumont.)

Jean Truquet fut le peintre le plus célèbre de son siècle, et Etienne Chevalier en fut le Mécène.

(A suivre).

Les adhésions pour l'impression du second volume sont reçues chez MM. MAZERON, libraires à Nevers.

MM. Braun, éditeurs-photographes officiels des musées nationaux, 18, rue Louis-le-Grand, Paris, ont le monopole jusqu'en 1903 de la reproduction des miniatures de Chantilly. Msr le duc d'Aumale fit reproduire en héliogravure l'œuvre de J. Truquet; l'édition fut rapidement épuisée. Mais la maison Braun met en vente les photographies au charbon inaltérable, sur commande et en détail, aux particuliers.

Notre travail et les 40 photographies de MM. Braun, reliés ensemble, conformément au goût de chacun, formeront un premier volume. Le deuxième volume comprendra la suite des alliances, les abbayes, les preuves à l'appui et les tables.

ERRATA

Page 6, 12ᵉ ligne. — Lisez : et Jean Bourgoing dit le Flaman.
Id.   7, 5ᵉ avant-dernière ligne. — Lisez : Monteran.
Id. 11, 4ᵉ ligne. — Lisez : Champmorot.
Id. 33, 9ᵉ id. — id. : § omis *alinéa*.
Id. 46, 30ᵉ id. — id. : Fruquet *et non* Buquet.
Id. 82, 7ᵉ id. — id. : Fruquet *id.* Truquet.
Id. 47, 3ᵉ id. — id. : ses neveux, Frédéric de Girard, botaniste, annobli par Louis XVIII, et Gus-
tave de Girard, député de l'Hérault en 1848.
Id. 47, 31ᵉ id. — id. : Madame Bourgoing *et non* Monsieur.
Id. 48, 31ᵉ id. — id. : 1765 *et non* 1865.
Id. 78, 21ᵉ id. — id. : Péronne *et non* Vérone.
Id. 48, 31ᵉ id. — id. : et Françoise Gay, marraine, ses oncle et tante, eut de sa femme N. de Jean-
jean, une fille, Joséphine, qui s'unit à Benjamin-Félix Claparède. (Sans
enfants était une erreur.)
Id. 31,   — id. : (Voir l'*Impôt du sang ou la noblesse de France,* par d'Hozier, Paris, E. Leche-
vallier, libraire, 1874 à 1881, en 5 vol. in-8°. — *Noms, prénoms, indications
d'actions héroïques, de guerre, de blessures, du champ de bataille et date du
décès,* Auxerre, imprimerie A. Lanier, rue de Paris, 43.)
Id. 47, 31ᵉ id. — id. : Dans sa séance du 29 juillet 1901, le conseil municipal de Montpellier a décidé
que le nom de la rue Bourgoing prendrait le nom de rue Méditerranée.
— Les noms des rues sont l'histoire d'une cité. La famille n'oubliera pas
que pendant un siècle, le nom de la rue Bourgoing était celui d'un bien-
faiteur des hospices de Montpellier, où tout était à créer après 1793.